Das Geheimnis des Neuen: Wie Innovationen entstehen

Andreas Schutkin

Das Geheimnis des Neuen: Wie Innovationen entstehen

Ein Plädoyer für mehr Abenteuer im Unternehmen

Andreas Schutkin
Neubeuern
Deutschland

ISBN 978-3-658-07639-9   ISBN 978-3-658-07640-5 (eBook)
DOI 10.1007/978-3-658-07640-5

Die Deutsche Nationalbibliothek verzeichnet diese Publikation in der Deutschen National-bibliografie; detaillierte bibliografische Daten sind im Internet über http://dnb.d-nb.de abrufbar.

Springer Gabler
© Springer Fachmedien Wiesbaden 2015

Gedruckt auf säurefreiem und chlorfrei gebleichtem Papier

Springer Fachmedien Wiesbaden ist Teil der Fachverlagsgruppe Springer Science+Business Media
(www.springer.com)

Für Paul & Gustav

Vorwort und Danksagung

Der Impuls zu diesem Buch entstand durch eine Postkarte, die nicht in den Papierkorb wollte. Ich klebte sie daher an meinen Kühlschrank. „Viel Glück. Viel Neues." stand darauf zu lesen. Dass man sich viel Glück wünschte, leuchtete mir ein. Aber weshalb wünscht man sich viel Neues? Ist denn das Neue immer gut oder gar automatisch besser und ist es immer erstrebenswert? Und macht es auch glücklich? Von nun an war ich infiziert und wild entschlossen, das Neue zu erobern.

Der erste Rückschlag kam, als ich mir selber schamhaft eingestehen musste, dass ich leider kein „Early Adopter" war: Ich habe eine Schwäche für alte französische Sachen, höre am liebsten Musik aus den 1970ern, besitze nie die neuesten mobilen Endgeräte und bei den Autos gefallen mir die alten besser als die neuen. Die Liebe zum Neuen äußert sich bei mir weniger in Dingen. Es ist vielmehr eine Faszination für jede Form von Veränderung und Bewegung. Eine Begeisterung für neue Denkansätze, Ideen und Haltungen. Menschen mit exotisch anmutenden Meinungen finde ich interessant und bereichernd. Ich finde neue Geschäftsmodelle und -ideen spannend und bewundere Tüftler, die mit Ausprobieren und Leidenschaft Neues auf die Welt bringen. Und ich brenne für Unternehmen, die den Mut und die Kreativität aufbringen, „echt" innovativ und neu zu sein, zu handeln und zu denken.

Dieses Buch ist ein leidenschaftliches Plädoyer für das Neue. Bis es auf die Welt kommt, hat es meist einen ungewöhnlichen Geburtsprozess hinter sich, häufig kommt es ungeplant auf die Welt und als Ergebnis eines Zufalls und nur selten in Folge eines geordneten Prozesses. Zuvor wurde es skeptisch beäugt, auf den Namen „Risiko" getauft und als verrückte Idee einiger Spinner abgetan, die in diesem Buch „Abenteurer" heißen. Auch nach seiner Geburt hat es das Neue schwer, es muss sich gegen lähmende Routinen und Widerstände behaupten und ist oft wenig willkommen. Wie es das Neue trotzdem schafft und wie Sie die Weichen richtig stellen für mehr Innovation in Ihrem Unternehmen, habe ich versucht zu beschreiben.

Mein besonderer Dank gilt Juliane Wagner von Springer Gabler für Ihre ebenso sachkundige wie engagierte Betreuung und die kompetente Projektleitung im Veröffentlichungsprozess. Das Lektorat war ausgezeichnet und die Zusammenarbeit mit dem gesamten Verlags-Team sehr angenehm und zielführend. Hierfür mein ganz herzlicher Dank!

Ursula Spielmann danke ich ganz herzlich für die akribische und kritische Durchsicht des Manuskripts. Jana Blum gilt mein herzlicher Dank für ihre Unterstützung bei grafischen und gestalterischen Arbeiten. Martin Maerschalk danke ich ganz herzlich für akribische Lektoratsarbeiten.

Meiner Kollegin Prof. Dr. Claudia Lübbert danke ich für Ihren fachlichen Beitrag bei der Erarbeitung des Abenteurerselbsttests und meinem Kollegen Prof. Dr. Oliver Gansser gilt mein besonderer Dank für die Konzeption und Durchführung der erforderlichen Testreihen, um die Konstruktvalidität bei dem Selbsttest zu garantieren.

Für manchen wertvollen Hinweis danke ich Prof. Dr. Gerald Mann und Prof. Dr. Tom Peisl.

Martina Köderitz danke ich ganz herzlich für die Anfertigung des Geleitworts.

Ich freue mich über Feedback und Kritik und wünsche Ihnen beim Lesen gute Unterhaltung und manche neue Inspiration. Bleiben Sie neugierig!

Neubeuern und München im Herbst 2014   Andreas Schutkin

Geleitwort

„Wenn du die Absicht hast, dich zu erneuern, tu es jeden Tag!" Diese Weisheit des chinesischen Philosophen Konfuzius ist heute so aktuell wie zu seinen Lebzeiten vor 2500 Jahren. Und nur wer sich ständig neu erfindet, der kommt auch dem Geheimnis des Neuen auf die Spur.

Dabei stellt der Begriff „neu" zunächst keinen Wert per se dar, sondern bedeutet lediglich, dass sich etwas verändert hat. Es bedeutet, dass wir uns von Bewährtem und Bekanntem verabschieden müssen oder aber auch dürfen. Den Wert des Neuen kann man im Vorfeld häufig nur schwer beurteilen.

Beurteilen lässt sich jedoch aus meiner Sicht, ob ein Unternehmen einen fruchtbaren Nährboden für Innovationen geschaffen hat. Dem entgegen steht häufig die herrschende Unternehmenskultur: Klare Hierarchien mit abgegrenzten Aufgaben erleichtern zwar die tägliche Arbeit, es fehlt aber die Freiheit, Dinge zu hinterfragen, unkonventionell zu denken und andere Wege auszuprobieren. Ich bin überzeugt, dass Unternehmen dann innovativ sind, wenn sie Freiräume schaffen und so nicht nur zielorientierte, sondern auch originelle und ergebnisoffene Diskussionen zulassen. Neues braucht Vielfalt im Denken und Zeit, sich zu entwickeln und Gestalt anzunehmen. Und es braucht Kreativität. Erst dann kann es zur Innovation heranwachsen.

Wie bei IBM gerade die jüngste Innovation heranwächst, sehen wir am Beispiel von Watson. Diese neue Computertechnologie hat vor acht Jahren das Licht der Welt erblickt. Die Ursprungsidee: ein intelligentes System, das gesprochene Sprache versteht und auch verständlich in dieser antwortet. Das Watson-Team hatte die Zeit und den Freiraum, aus etwas Neuem eine echte Innovation zu schaffen. Ihr Können zeigte Watson erstmals in der TV-Quizshow Jeopardy, wo sie gegen die Meister dieses Spiels antrat und gewann. Inzwischen ist Watson zu einer Innovation herangewachsen, die eine neue Ära des Cognitive Computings eingeläutet hat und das Verhältnis zwischen Mensch und Maschine neu definiert. So kann Watson heute in wenigen Sekunden die Symptome von einer Million Krebspatienten vergleichen oder auch 10 Mio. Finanzberichte und 100 Mio. Produkthandbücher lesen.

Dabei war der Auftritt von Watson nicht risikolos – und auch das macht eben eine Innovationskultur aus: Versuch und Irrtum zulassen, der Mut, Risiken einzugehen und Scheitern als Chance zu verstehen. Eine Kultur des Absicherns ist dabei hinderlich, vielmehr gilt es, Neues schneller auszuprobieren und auch mal zu scheitern. Doch damit tut sich die deutsche Kultur noch schwer – unter den 30 erfolgreichsten Startup-Unternehmen der Welt befinden sich gerade mal zwei deutsche Gründungen.

Entscheidend sind auch die Menschen, die Mut, Ideen und Leidenschaft für ihr Thema haben. Eine originäre Idee, eine neue Erkenntnis ist meist eine Einzelleistung, aber eine erfolgreiche Innovation entsteht in der Regel durch Teamarbeit. Die Voraussetzung dafür ist, dass die Zusammensetzung des Teams passt, unterschiedliche Charaktere, Hintergründe und Kompetenzen vereint sind und sich diese immer wieder verändern.

Damit diese neue Form des miteinander Arbeitens denken probieren funktioniert, nehmen auch Führungskräfte eine neue Rolle ein. Sie sind nicht mehr diejenigen, die den bekannten Weg weisen, sondern diejenigen, die ihre Teams orchestrieren, coachen, anspornen und sich als Teammitglied verstehen.

Daher wünsche ich allen Leserinnen und Lesern den Mut, sich an Neues zu wagen und auch Risiken einzugehen, um Innovationen zu schaffen. Und Unternehmen ermuntere ich, ihren Mitarbeitern Freiräume zu schaffen und mit ihnen gemeinsam eine Innovationskultur zu initiieren, die diesen Namen verdient. Dann lässt sich das Geheimnis des Neuen lüften!

Ihre

Vorsitzende der Geschäftsführung IBM Deutschland   Martina Koederitz
GmbH, General Manager DACH IMT

Inhaltsverzeichnis

Über den Autor

Andreas Schutkin promovierte in Wirtschaftswissenschaften und arbeitete in Führungspositionen in der Industrie. Er ist Berater und Begleiter für Vertriebs- und Marketingthemen bei vielen erfolgreichen Mittelstandsunternehmen und Konzernen und hält leidenschaftliche Vorträge über Innovation und Neues sowie zu ausgewählten Vertriebsthemen. Überdies ist er Professor für Betriebswirtschaftslehre an der Hochschule für Oekonomie und Management, München und lehrt in den Fächern Vertriebsmanagement, Marketing und Kommunikation.

Teil I
Misstrauen Sie dem Gewohnten

Warum wir wieder Fahrräder zerlegen sollen

Innovation ... ist alles Mögliche, nur nicht geordnet.
William Coyne, ehemals 3M

Wie wahnsinnig sollte man sein, um etwas Außergewöhnliches zu schaffen? Traut man den Erhebungen des kanadischen Psychologen Robert Haare, so sind die Management-positionen von Unternehmen dreieinhalbmal so häufig mit Psychopathen besetzt wie im Durchschnitt der Bevölkerung. Außenseiterhirne sind en vogue. Nehmen wir beispiels-weise den Facebook-Chef Mark Zuckerberg: Er hat mit seinem Unternehmen eine rasante Aufstiegsgeschichte hingelegt, kann aber bis heute seinem Gesprächspartner kaum in die Augen schauen. An jedem anderen Ort wäre er nicht der Vorzeigeunternehmer, sondern der sozial anormale Sonderling. Dabei wäre zunächst die Frage zu klären, was eine Gesell-schaft für „normal" hält. Das Softwareunternehmen SAP hat jüngst angekündigt, gezielt Autisten einzustellen, da diese häufig überdurchschnittlich begabt im Umgang mit Daten und Formeln sind. Im Silicon Valley scheint Autismus schon fast zum guten Ton in Tech-nologieunternehmen zu gehören, auch Bill Gates werden autistische Züge zugeschrie-ben. Der Investor Peter Thiel beschreibt es so: „Sehen Sie sich die Internetunternehmen der vergangenen Jahre an. Deren Führungskräfte sind alle auf irgendeine Art autistisch." Wenn Sie, lieber Leser, nicht autistisch sind und trotzdem Karriere machen möchten, soll-ten Sie zumindest eine ordentliche Lese- und Rechtschreibstörung vorweisen können. Steve Jobs war Legastheniker, ebenso wie der VW-Patriarch Ferdinand Piëch und die Gründer von Konzernen wie Ford, General Electric, IBM und Ikea. Legastheniker lernen bereits in der Schule, Aufgaben zu delegieren, indem sie ihre Mitschüler dafür einspannen, ihre Hausaufgaben zu machen, was als ein Erklärungsansatz für unternehmerisches Ge-schick dienen kann. Warum auch das „Zappelphilipp-Syndrom" ADHS, das ebenfalls bei vielen Firmengründern anzutreffen ist, karrierefördernd sein kann: Dieser unruhige Geist sucht beständig nach Neuem und ist vom Status quo und von Routinen rasch gelangweilt,

© Springer Fachmedien Wiesbaden 2015
A. Schutkin, *Das Geheimnis des Neuen: Wie Innovationen entstehen,*
DOI 10.1007/978-3-658-07640-5_1

zudem gilt dieser Typus als risikofreudig, kreativ und veränderungswillig (Vgl. Bund und Rohwetter (2013)).

Keine Sorge, in diesem Buch geht es nicht um psychische Krankheiten. Allerdings ist es erstaunlich, dass viele Ikonen des modernen Unternehmertums aus medizinischer Sicht offensichtlich gestört sind, nicht ganz normal eben. Oder ist es so, dass unser landläufiger Begriff von „Normalität" zu eng gefasst ist? Jedenfalls finden wir solche Menschen, die sozial anormal sind, so lange verdächtig, bis sie durch einen „großen Wurf" auf sich aufmerksam gemacht haben. Dann heißen sie Helden, Pioniere und Vorbilder.

Dieses Buch soll keine Heldenverehrung sein. Die Geschichten von Bill Gates, Mark Zuckerberg und Steve Jobs sind oft genug erzählt worden. Es soll aber darum gehen, die Chancen für ein Unternehmen aufzuzeigen, die durch Mitarbeiter entstehen können, die eben nicht den definierten Standards entsprechen. Solche, die in einem Assessmentcenter nicht die erste Runde überstünden, auch wenn sie offensichtlich intelligent sind. Solche, die exotische Gedanken äußern, die nicht mit der Strategie und der Firmenkultur vereinbar sind. Solche, die zu viele Fragen stellen und dadurch die Harmonie stören. Menschen, die ihre Kraft und ihren Antrieb aus dem eigenen Denken nehmen, anstatt Vorgedachtes zu reproduzieren. Es geht ihnen dabei nicht primär darum, anders sein zu wollen. Es geht ihnen darum, bestehende Meinungen und Wissen zu hinterfragen auf der Suche nach Wahrheit und Echtheit. Dabei dient der Erkenntnisgewinn selten einem unmittelbaren ökonomischen Zweck. Es geht primär darum, Annahmen und Zusammenhänge zu hinterfragen, zu verstehen oder zu widerlegen.

Dieses Verstehen hat viel mit Ausprobieren zu tun. Als ich sechs Jahre alt war, zerlegte mein damalig bester Freund sein gesamtes Fahrrad. Er hat jedes Einzelteil danach ausführlich inspiziert, untersucht und dann das Rad wieder zusammengebaut. Dabei entwickelte er eine enorme Ruhe und Zufriedenheit, die ich nicht teilen konnte, war doch nach zwei Stunden nur die Ausgangssituation wiedererreicht und in meinen Augen nichts verbessert. Er sagte nur: „Ich dachte mir, dass es so funktioniert, aber jetzt wissen wir es", und lächelte dabei.

Die gleichen Menschentypen, die früher mit sechs Jahren ihr Fahrrad zerlegt haben, schrauben heute in jungen Jahren ihren Laptop auf. Um die Hardwarebestandteile mit eigenen Augen zu sehen. Um zu verstehen, warum der Laptop derart angeordnet ist, und darüber nachzudenken, ob es nicht auch andere Möglichkeiten gäbe. Es geht um das eigene Verstehen, das eigene Wissen. Es geht darum, vorgefertigte Anleitungen und Erklärungen zu ignorieren und Erkenntnisse selber zu erheben. Selber zu denken, selber zu probieren, anstatt Vorgefertigtes zu konsumieren. Um diese Menschen soll es in diesem Buch gehen.

1.1   Pubertät und Pizza

Stellen Sie sich vor, Sie leben mit Ihrer Frau und Ihren Kindern in Ihrem gemütlichen Zuhause. Das Leben plätschert vor sich hin, alles nimmt seinen gewohnten Lauf und Sie haben ein beschauliches und zufriedenes Familienleben. Bis die Pubertät Ihrer Kinder neu in Ihr Leben kommt. Zuhause empfangen Sie nun Techno und Heavy Metall in der Startlautstärke eines Airbus A380, die Freunde Ihrer Kinder campieren in Ihrem Wohnzimmer, und in Ihrem Hobbykeller, in dem Sie Ihre Carrera Bahn mit dem Doppellooping aufgebaut haben, übt nun zweimal in der Woche die Schulband. Ihre Frau verbringt die Zeit abwechselnd bei dem Vertrauenslehrer der Schule, Ihrem Therapeuten oder in der Meditation. Wo früher Selbstgekochtes duftete, türmen sich heute die Raviolidosen. Haben Sie diese Bilder im Kopf? Ja? Gut, so in etwa fühlt es sich für die meisten Menschen an, wenn Neues in ihr Unternehmen kommt.

Sie denken, ich übertreibe? Ein bisschen vielleicht. Aber nicht viel. Das Schwierige an dem Neuen ist, dass es die Ordnung stört: Endlich haben wir uns an die neuen Produkte gewöhnt, die Kinderkrankheiten beseitigt, die Marketingunterlagen entsprechend aufbereitet, die Preislisten angepasst und auch den Vertrieb so weit gebracht, das Neue bei den Kunden anzupreisen, und jetzt, nachdem endlich wieder Routine eingekehrt ist, kommt schon wieder etwas Neues. Nimmt denn das überhaupt kein Ende? Das Neue stört.

Noch schlimmer als das Neue ist indessen der Geburtsprozess des Neuen. Dieser Prozess ist für die meisten Manager nicht zu greifen, auch wenn sie alles dafür tun. Manager sind davon überzeugt, dass es für jeden Prozess die passenden Management-Tools gibt, um den Ablauf wunschgemäß zu steuern, zu controllen und zu managen. Orientierung bieten Strategien, Umsetzungsempfehlungen und Instrumente aus Innovationsprozessen, die ein System schaffen, in welchem Manager die gewünschte Ordnung herstellen können. Der Manager schafft sich sein aufgeräumtes Wohnzimmer und seine Rahmenbedingungen, damit das Neue kontrolliert auf die Welt kommen kann. In Wirklichkeit führt die Denkhaltung, Neues lasse sich strategisch planen, zumeist in eine Sackgasse. Häufig entstehen Innovationen unter Unsicherheit, auch als Ergebnis eines Zufalls, unter glücklichen Umständen, als Folge vieler Fehlschläge und permanenten Ausprobierens. Das Neue kommt häufig in einer anderen Erscheinungsform auf die Welt und ist zumeist schlecht planbar. Das mögen die meisten Manager aber nicht hören und versuchen, mit noch raffinierteren Prozessoptimierungsmaßnahmen und neuen Bewertungs- und Auswahlmethoden die Sache in den Griff zu bekommen. Ideencramming beispielsweise beschreibt die Methodik, Ideen zu „entschärfen" und für die Belange des Unternehmens passend zu machen – alles im Dienste des Strebens nach Standardisierung und Ordnung.

Kann es sein, dass das Neue wenig mit Ordnung zu tun hat und viel mit Pubertät? Nicht mit Lautstärke – das Neue kommt meist leise auf die Welt. Eher mit der gefühlten Unordnung, mit dem Chaos und der Unsicherheit, die die Entwicklung begleitet. Der Lust am Ausprobieren, am Experimentieren, am Entdecken. Ich gebe zu, der Vergleich mit der Pubertät hinkt etwas, trotzdem gefällt er mir. Besonders der Aspekt, dass man in beiden Entwicklungen mit den gewohnten Rezepten an seine Grenzen kommt. Ich kenne viele Eltern, die versuchen, ihre pubertierenden Kinder so zu behandeln wie vor der Pubertät. Sie verzweifeln dabei regelmäßig. Ich beobachte, dass im Bekanntenkreis diejenigen Eltern mit ihren Kindern am besten durch die Pubertät kommen, die neue Maßstäbe anlegen und Regeln ändern. Die das bestehende Erziehungssystem anpassen und neue Formen des Miteinanders akzeptieren. Die ihr Führungsverhalten und die Rahmenbedingungen erneuern.

Führungsstil und Systeme anpassen: Könnte das nicht auch ein guter Ansatz sein, um das Neue in Unternehmen hervorzubringen? Es klingt einleuchtend, dass ein Sechsjähriger eine andere Führung der Eltern benötigt als ein 16-Jähriger. Wieso tun sich Unternehmen so schwer damit, die Rahmenbedingungen für Mitarbeiter mit kreativen, entwickelnden, denkenden, forschenden oder experimentierenden Tätigkeiten völlig anders zu gestalten als für solche Mitarbeiter, die primär Routinearbeiten verrichten? Vermutlich, weil es in den Managementetagen schwer vermittelbar ist, dass kreatives Arbeiten oft wenig mit dem Abarbeiten von bekannten Produktionsprozessen zu tun hat.

Die (meist mit guter Absicht) eingeleiteten Planungs-, Kontroll- und Steuerungsmechanismen sind zumeist kontraproduktiv, wenn es darum geht, echte Innovationen hervorzubringen. Die innovativsten Unternehmen haben bewusst Regeln gestrichen, Prozesse und Kontrollmechanismen reduziert und handeln nach dem Leitsatz: So wenig Bürokratie und Hierarchie wie möglich. Kleine, autarke Teams anstelle von zertifizierten Prozessen. Bei Amazon gilt beispielsweise die Two Pizza Rule: „Wenn das Team mit zwei Riesen-Pizzen nicht satt zu kriegen ist, ist es zu groß. Dann verbringen die Menschen mehr Zeit mit Koordination. Eine Organisationsform ist dann effektiv, wenn die Koordination möglichst gering ist." Bei Blackberry setzt man auf Egalität: „Alle arbeiten. Es gibt keine Aufseher" ist die bewusst gewählte Organisationsform. Egalität anstelle von Hierarchie. Pizza anstelle von Prozessen. Das hilft Ihnen durch die Pubertät. Denn das Neue kann anstrengend sein.

1.2   Abenteurer und Routiniers

Zurück zu den „Fahrradzerlegern": Manche Fahrradzerleger kommen als Unternehmer mit schrägen Geschäftsideen und seltsam-interessanten Marketingauffassungen daher, andere als Nerds mit innovativ-absurden Überlegungen. Ich nenne diesen Menschentyp Entdecker oder auch Abenteurer. Sie meinen, Abenteurer sei übertrieben? Ich wähle diesen Begriff auch, weil er interessant klingt. Der Duden beschreibt einen Abenteurer als jemanden, der sich auf außergewöhnliche und erregende Geschehnisse einlässt, der Risiken eingeht, Experimente wagt. Ein Entdecker ist im Kern dasselbe, Sie können die beiden Begriffe gerne parallel verwenden und sich für denjenigen entscheiden, der Ihnen mehr zusagt. Entdecker klingt positiver, Abenteurer gefährlicher. Gefährlich? Sechsjährige, die ihr Fahrrad zerlegen, sind gefährlich? Bildlich gesprochen und auf Unternehmen bezogen anscheinend schon.

Beschäftigen wir uns zunächst mit den Menschen im Unternehmen, die niemals ihr Fahrrad zerlegen würden. Warum nicht? Es ist nicht effizient, sein Fahrrad zu zerlegen. Es dient nicht dem Erreichen der individuellen Ziele, nicht dem Karriereweg, es gibt hierfür keine Kennzahl, der Vorstand zerlegt auch keine Fahrräder und es gibt für diesen Fall keine Best Practices. Man könnte höchstens „Fahrrad zerlegen" googeln und nach einem relevanten Business Case suchen.

Ich nenne Menschen, die keine Fahrräder zerlegen, Routiniers. Mir ist wichtig, dass dies nicht als Wertung interpretiert wird. Routiniers sind wichtig, damit ein Unternehmen Erträge erwirtschaftet. Ein Unternehmen ohne Routiniers könnte nicht existieren. Routiniers verrichten am liebsten und am besten Routinearbeiten, wozu Fahrräder zerlegen bislang nicht gehört.

Ich möchte nicht, dass der Eindruck entsteht, ich würde Routinearbeiten gering schätzen. Ich verrichte selber vorrangig Routinearbeiten. Neben der Hochschule arbeite ich als Berater und Trainer für Vertriebe. Hierbei greife ich regelmäßig auf die gleichen Instrumente, Modelle und Vorgehensweisen zurück, was auch daran liegt, dass die zu lösenden Aufgabenstellungen sich inhaltlich wiederholen und zumeist mit Erfahrungswissen gelöst werden können. Die meisten Lösungen folgen erprobten Mustern. Positiv an Routineaufgaben ist, dass die Durchführungskosten gering sind. Routineaufgaben sind gekennzeichnet von nur geringer oder keiner Einarbeitung in eine Aufgabe und geringen Fehlerquoten aufgrund von vorhandenem Erfahrungswissen. Die Prozesse sind meist optimiert und es gibt die Orientierungsmöglichkeit an vorhandenen Modellen und Instrumenten. All das führt zu hoher Planbarkeit der Aufgabe und geringen Risikokosten. Eine erfolgreiche Routinearbeit ist daher die Ertragsgrundlage eines jeden Unternehmens.

Routinearbeit kommt immer dann an ihre Grenzen, wenn es nicht um Routinen geht. Wenn die Aufgabe oder die Situation neu ist und das Gelernte nicht greifen kann. Das Neue kann dabei von innen kommen. Es kann gewollt sein, herbeigesehnt, als Ergebnis eines Prozesses mit dem Ziel, etwas Neues hervorzubringen. Das Neue kann allerdings auch von außen kommen, in Form einer neuen Umwelt- oder Wettbewerbssituation.

Was also tun, wenn die gewohnten, bequemen und bekannten Schemata nicht funktionieren? Sind wir dann in der Lage, unser Denken umzustellen? Wohl kaum. Der klassische Sozialisationsprozess im Unternehmen ist darauf ausgerichtet, dass wir funktionieren. Dass wir in Routinen denken, auch bei sehr anspruchsvollen Aufgaben. Dass wir nach Einfachheit und Sicherheit streben und versuchen, Unübersichtlichkeit, Mehrdeutigkeit und jede Form von Komplexität zu meiden. Die Unternehmenswelt und die Zusammenhänge werden immer komplexer und Unternehmen reagieren darauf mit der Sehnsucht nach Standardisierung. Mitarbeiter werden nach weitgehend einheitlichen Maßstäben ausgewählt, eingestellt und weiterentwickelt. Ziel ist es, dass neue Mitarbeiter möglichst schnell funktionieren. Dass sie möglichst schnell die gängigen Modelle und Instrumente übernehmen und damit möglichst schnell produktiv sind. Dass sie rasch ein effizienter Routinier werden. Dass sie die Firmenkultur, die Normen und Leitbilder möglichst schnell inhalieren und dabei möglichst schnell die Corporate Language übernehmen. Wichtig ist eine hohe Passung. Der Fortschritt der Anpassungsentwicklung wird dann gerne in Kennzahlen gemessen. Man sollte denken, dass echtes Interesse an einem Unternehmen auch dadurch ausgedrückt wird, dass Mitarbeiter versuchen, Bestehendes zu hinterfragen – nicht, weil sie skeptisch sind oder nicht vertrauen. Sondern, weil sie das Unternehmen in den Grundlagen verstehen möchten und Hinterfragen als ihr gewohntes Vorgehen begreifen. Aber Mitarbeiter, die ein Fahrrad zerlegen möchten, sind selten gefragt. Auch nicht, wenn es darum geht, Führungsaufgaben zu besetzen und den Führungsnachwuchs heranzuziehen. Hierbei orientieren sich Firmen an Best Practices. Die Weiterbildung des Führungsnachwuchses läuft nach einem standardisierten Verfahren ab mit dem Ergebnis, dass sich besonders diejenigen Mitarbeiter qualifizieren, die das System schneller und besser erlernt haben. Man möchte vielen Managern gar nicht das Bemühen absprechen, dass sie gerade in den Anfangsjahren versuchen, ihr berufliches Umfeld (neu) zu gestalten, bis die meisten unter ihnen dieses Unterfangen als naiv einsehen, „professionell" werden und die Umwelt sie steuert. Ihr berufliches Leben wird immer mehr standardisiert. Es wird routiniert. Es fehlt an Frische, Mut, Lust. Es fehlt an Abenteuerlust.

Diese Abenteuerlust ist bei Unternehmern, die wirklich Neues in die Welt gebracht haben, durchaus vorhanden: Der Gründer von Amazon Jeff Bezos etwa nahm als Kleinkind sein Kinderreisebett auseinander, Steve Jobs zerlegte seinen Walkman. Das Neue braucht Neugier. Und ein bisschen Wahnsinn schadet auch nicht, wie zu Beginn dieses Kapitels erörtert. Nix wie ran an die Fahrräder!

Literatur

Bund, K., Rohwetter, M.: Wahnsinns-Typen. Die Zeit, 19–21. (Ausgabe 34/2013)

Warum Erfolg gefährlich ist

2

Erfolg ist der größte Feind von Innovation. Wir hatten lange Zeit enormen Erfolg und wurden am Ende deswegen langsamer.
Jim Hagemann Snabe, CEO SAP

Vicente del Bosque ist ein kluger Mann. Als Trainer der spanischen Fußballnationalmannschaft führt er bedächtig und überlegt ein Team voller Weltklassespieler von Erfolg zu Erfolg, sieht man einmal von der jüngsten Weltmeisterschaft 2014 ab. Sein Team hat im Fußball in den letzten Jahren neue Maßstäbe gesetzt und gilt für viele andere Nationaltrainer als Vorbild. Nach dem Gewinn der Europameisterschaft 2008 und der Weltmeisterschaft 2010 galt Spanien auch 2012 wieder als der Top-Favorit auf den Europameistertitel. Die Erwartungshaltung in der Heimat war groß und alles andere als ein neuer Triumph eine Enttäuschung. Wie sollte del Bosque sein Starensemble auf die bevorstehende Europameisterschaft einstellen? Nicht wenige Experten haben der spanischen Mannschaft im Vorfeld der Europameisterschaft eine schwierige Aufgabe vorausgesagt: Die Spieler seien nach der langen Saison müde und der Gewinn der beiden großen Titel habe die Mannschaft satt gemacht. Auch sei die Mannschaft so von sich eingenommen und überzeugt, dass sie zum Übermut neige. Eine andere Expertenfraktion sah genau in den historischen Erfolgen die wichtigste Grundlage für einen erneuten Erfolg. Welche Botschaft sollte del Bosque nun an seine Spieler kommunizieren: Sollte er den Hunger auf den erneuten Erfolg in den Mittelpunkt stellen oder sollte er die Mannschaft ob der beiden letzten Erfolge stark und unverwüstlich reden? Del Bosque wusste, dass seine Mannschaft Orientierung und eine Botschaft benötigte. Er ließ das gesamte Trainingsgelände mit Plakaten ausstatten, die die Spieler zu Demut und zur Orientierung an der Jetzt-Zeit aufforderten. „Geschichte gewinnt keinen Titel, Bescheidenheit schon", stand darauf. Oder: „Geschichte bremst keinen Rivalen, Konzentration schon." Spanien wurde wieder Europameister.

© Springer Fachmedien Wiesbaden 2015
A. Schutkin, *Das Geheimnis des Neuen: Wie Innovationen entstehen,*
DOI 10.1007/978-3-658-07640-5_2

2.1   Red-Queen und Dornröschen

„Die Vergangenheit macht Dich nicht zum Champion." Dieser Satz ist wohl bei vielen Unternehmen noch nicht angekommen. Microsoft beispielsweise erwirtschaftete auch in den 2000er Jahren durchschnittliche Jahresgewinne im zweistelligen Milliarden-US-Dollar-Bereich. Bis heute sind die Gewinnbringer die Systeme Windows und Office. Das Geschäft mit diesen Klassikern lief weiterhin grandios und gab Microsoft und seinem langjährigen CEO Ballmer anscheinend keinen Grund, die Komfortzone zu verlassen und ein neues Erfolgskapitel zu schreiben. Routinen bestimmten das Geschäftsjahr, von Zeit zu Zeit wurde die bestens gefüllte „Kriegskasse" kurz geöffnet, um Zukäufe zu tätigen. So nachvollziehbar eine gewisse Gelassenheit angesichts der Finanzergebnisse war, so seltsam mutete es an, dass sich Microsoft anscheinend aus dem Rennen verabschiedet hatte, wenn es darum ging, etwas Neues in die Welt zu bringen. Offensichtlich war sowohl das Streben sowie auch die Fähigkeit hierzu verloren gegangen. Der neue CEO Nadella tritt nun an, um Microsoft wieder aus der Komfortzone zu führen.

Aus der Position der Stärke heraus mussten schon andere Unternehmen Federn lassen. Nokia hat als Marktführer für mobile Kommunikation zu lange in Telefonen gedacht und versucht, die eigene Spitzenposition auszuschlachten. Entwicklungen in sozialen Medien und im mobilen Internet wurden übersehen. Bei Smartphones läuft Nokia nun den Entwicklungen hinterher. Auch der Wettbewerber Blackberry, der sich eine führende Wettbewerbsposition bei Business-Smartphones erarbeitet hatte, bezahlt derzeitig technische und optische Versäumnisse mit Marktanteilsverlusten.

Schlimmer erwischte es Kodak, der Foto-Pionier stellte im Januar 2012 einen Insolvenzantrag. Die Umstellung auf die digitale Fotografie wurde dem Konzern zum Verhängnis, der im Jahr 2003 noch 66.000 Beschäftigte zählte. Die „Frankfurter Allgemeine Zeitung" kommentiert, dass dies die Strafe dafür sei, dass Kodak viel zu lange auf Bewahren gesetzt habe. Kodak klammerte sich lange an sein hochprofitables Geschäft mit seinen berühmten Filmrollen. Das Unternehmen hatte nicht den Mut, sich mit einem rechtzeitigen und entschlossenen Vorstoß in die digitale Fotografie selbst zu kannibalisieren, also übernahm dies der Wettbewerb.[1]

Der Wettbewerber im Fall Kodak war das Unternehmen Fuji, das früh erkannte, dass mit der zukünftigen Digitalfotografie geringere Umsätze und Margen als mit der analogen Fotografie verknüpft waren und das sich deshalb konsequent und erfolgreich auf neue Geschäftsfelder stürzte. Die Fotosparte liefert heute zum Gesamtergebnis nur noch einen kleineren relativen Beitrag, andere Sparten wie innovative Werkstoffe, Medizintechnik, Life Science haben mehr Gewicht. Fuji beweist auch in den neuen Geschäftsfeldern erstaunliche Kreativität und versteht es geschickt, die Marke und die Kernkompetenzen zu dehnen, wie „brand eins" feststellt: So gebe es beispielsweise im Geschäftsfeld „Kosmetik" vielerlei Ähnlichkeiten zum früheren Flaggschiff Fotografie: Ein Hauptbestandteil von Film wie auch der menschlichen Haut ist Kollagen. Und ein gemeinsames Problem

---

[1] Vgl. Frankfurter Allgemeine Zeitung (FAZ) vom 19.01.2012.

die Oxidation, die Fotos ausbleichen und Haut altern lässt. Weil man sich bei Fujifilm mit Kollagen und Antioxidantien auskenne, kam man auf die Idee, Anti-Aging-Mittel zu entwickeln. In Japan ist Astalift – der Name leitet sich von dem aus Algen gewonnenen Wirkstoff Astaxanthin und Lifting ab – seit 2007 mit Erfolg auf dem Markt, in China seit 2010. Nun soll Europa erobert werden.[2]

Dabei ist anscheinend auch im Fotomarkt Geld zu verdienen, wenn man es geschickt anstellt. Facebook kaufte im April 2012 das amerikanische Unternehmen Instagram, eine Firma, die für Nutzer eine kostenlose Foto-Sharing-App für iOS- und Android-Mobilgeräte bereitstellt. Die Fotos können erstellt und verfremdet werden, um sie anschließend über das Internet mit anderen zu teilen. Facebook zahlte für die Firma mit zwölf Mitarbeitern und ohne Ertragsmodell einen Kaufpreis von einer Milliarde US-Dollar. Verglichen mit US$ 19 Mrd. für WhatsApp ist Instagram allerdings ein richtiges Schnäppchen.

Der „Red-Queen-Effekt" beschreibt ein feststellbares Phänomen bei reifenden Unternehmen. Das Unternehmen investiert verstärkt in die Organisation und ist bestrebt, den Status quo zu verteidigen. Um sich gegen Wettbewerber zu wappnen, werden Aktivitäten in Forschung und Entwicklung gezielt so gesteuert, dass die Wettbewerbsposition gehalten wird. Innovation wird also gezielt gegen den Wettbewerb und weniger für eine weitere, eigene Entwicklung eingesetzt. Dies hat zur Folge, dass abweichende Vorschläge und Ideen außerhalb der strategischen Marktroute nicht verfolgt werden. Die Innovationsfähigkeit nimmt ab, insbesondere in der Vielfalt.

Vermutlich hat Vicente del Bosque mit seinem Credo „Die Vergangenheit macht Dich nicht zum Champion" wissentlich oder zufällig versucht, dem „Dornröschen-Effekt" zu entgehen. Analog zur Märchenerzählung besagt dieser, dass gerade erfolgreiche Unternehmen (und Teams) es sich gerne in ihrer komfortablen Umgebung gemütlich machen und aufgrund ihrer Erfolge ihre Wohlfühlsituation genießen. Veränderungen im Umfeld werden als störend wahrgenommen, notwendige Anpassungen werden spät oder gar nicht vorgenommen. Das Neue „schläft", das Unternehmen konzentriert sich auf Routinetätigkeiten. Geschäftsmodelle und Strategien werden zu wenig hinterfragt. In einem dynamischen Wettbewerbsumfeld kann es so schnell zu einem bösen Erwachen kommen.

2.2 Scheitern durch Richtigmachen

Auf den ersten Blick paradox klingen die Thesen von Clayton M. Christensen in seinem Buch „The Innovator's Dilemma".[3] In seinen Forschungen stellt Christensen fest, dass auch erfolgreiche Unternehmen scheitern, die über Jahre hinweg eine Branche angeführt haben und „alles richtig" machen: Kundenorientierung, Innovation, Umsatz- und Ertragswachstum und funktionierende Führungs- und Entscheidungssysteme. Unternehmen, die

---

[2] Vgl. brand eins, Was Marken nützt, Markenkolumne, Ausgabe 4/2012.
[3] Erstmals erschienen 1997 im Harvard Business Press Verlag, Deutsche Ausgabe: Christensen (2011).

akribisch im Dienste ihrer Kunden unterwegs sind, aggressiv in neue Technologien investieren und dennoch ihre vorab dominierende Stellung einbüßen. Derartiges passiert in dynamischen Branchen ebenso wie in Branchen, in denen Veränderungen eher langsam vonstattengehen.

In der Computerbranche dominierte IBM den Markt für Großrechner und war Branchenvorbild. Leider verpasste das Unternehmen den Trend zum Minicomputer, der – technologisch gesehen – weitaus simpler war. In diesem Markt für Minicomputer konnten sich Data General, Prime, Wang, Hewlett-Packard und Nixdorf etablieren, die wiederum alle den Trend zum Desktop-PC verschliefen. Es waren Apple, Commodore, Tandy und IBM, die diesen Markt entwickelten und Orientierung für andere Unternehmen boten. Den Sprung zum tragbaren Computer schafften Apple und IBM, Commodore und Tandy verschwanden von der Bildfläche.

Die Liste der Unternehmen, die scheiterten, sobald sie einem technologischen Umbruch in den Marktstrukturen gegenüberstanden, ist lang. Auf den ersten Blick scheint es zwischen den Entwicklungen keine Zusammenhänge zu geben, und man könnte es sich einfach machen und schlussfolgern, dass Unternehmen wie Sears, Digital, Commodore, Xerox, Leica oder Nixdorf im Grunde nie gut geführt worden sind. Christensen kommt zu einem anderen Schluss: Die Unternehmen wurden so gut geführt, wie sie eben von Managern geführt werden konnten. Aber erfolgreiche Unternehmen neigen in ihren besten Zeiten zu Managemententscheidungen, die den Grundstein für spätere Niederlagen legen.

Der erste Grund für das Scheitern ist, dass erfolgreiche Unternehmen – richtigerweise – versuchen, ihre Produkte und Dienstleistungen stetig zu verbessern. Sie suchen dabei nach Technologien, die es ihnen ermöglichen, ihre Leistungen zu erhöhen, um die Kundenanforderungen noch besser bedienen zu können. Christensen nennt diese Technologien evolutionäre Technologien. Diese können rein inkrementell oder auch radikal sein, letztendlich dienen sie immer der Steigerung der Leistungsfähigkeit und der besseren Bedienung der vorhandenen Kundenbedürfnisse. Dieses Managementverhalten ist vollkommen nachvollziehbar. Von Zeit zu Zeit entstehen aber auch disruptive Technologien. Paradoxerweise sind sie es, die erfolgreiche Unternehmen zu Fall bringen können. Disruptive Technologien führen zunächst zu schlechteren Produkten. Sie sprechen einen anderen Kundennutzen an. In der Regel können die Produkte, die aufgrund disruptiver Technologien entstehen, nicht mit der Leistungsfähigkeit bestehender Produkte mithalten. Dafür haben sie aber andere Qualitäten, weshalb sie von einer kleinen Gruppen neuer Kunden geschätzt werden. Zumeist sind sie deutlich billiger, einfacher und häufig auch bequemer. So etwa im Fall der Desktop-PCs, Transistoren (im Vergleich zu Röhren), MP3-Musikdownloads oder der digitalen Fotografie. Amazon vernichtet klassische Kaufhäuser und der Apple Store greift die Großen in der Musikindustrie an.

Weitere Beispiele? Denken Sie an die auf den ersten Blick vergleichsweise unkomfortablen Entwicklungen Internetbanking, das Telefonieren über das Internet oder an eBooks. Alle haben sich durchgesetzt.

Für den deutschen Markt sind die Hotelkette Motel One und der Online-Händler Zalando aktuelle Beispiele für Branchenumbrüche. Oder im Kleinen: Denken Sie an Apps, wie beispielsweise My Taxi, die dabei sind, Taxivermittlungen zu ersetzen. Und Uber möchte am liebsten gleich die gesamte Taxizunft neu definieren.

Die zweite Säule in der „Logik des Scheiterns" bildet die Beobachtung, dass sich Technologien schneller als die Marktbedürfnisse entwickeln können. Unternehmen sind bestrebt, bessere Produkte als der Wettbewerb zu entwickeln und damit auch höhere Margen zu erzielen. Oft bieten sie ihren Kunden aber mehr, als sie brauchen, und auch mehr, als sie dafür zu zahlen bereit sind. Das schafft Raum für disruptive Technologien. Ein Beispiel: Kunden, die einst einen Mainfraim Computer benötigten, stellen einige Jahre später fest, dass ein Desktop-PC ihre Bedürfnisse voll befriedigt. Die Entwicklung der Leistungsfähigkeit der Mainframe Computer wächst deutlich schneller als die Nachfrage nach Computerleistung. Analoges ist auch in anderen Branchen zu beobachten, wie etwa im Handel. Kunden, die einst nur im Fachhandel ihre Ansprüche an Qualität und Sortiment erfüllt sahen, sind heute mit dem geringeren Leistungsniveau eines Discounters voll zufrieden.

Die dritte Säule in der „Logik des Scheiterns" hängt damit zusammen, wie etablierte Unternehmen ihre Entscheidungen treffen. Für bereits erfolgreiche Unternehmen macht es wenig Sinn, disruptiven Technologien zu folgen. Erstens sind disruptive Produkte einfacher, billiger und erwirtschaften geringere Margen. Zweitens findet man disruptive Produkte zu Beginn nur in kleineren, unbedeutsamen Marktsegmenten, und drittens haben die eigenen, bereits bestehenden, profitablen Stammkunden kein Interesse an diesen Produkten. Disruptive Technologien werden zu Beginn meist von wenigen und weniger attraktiven Kunden nachgefragt. Unternehmen, die auf ihre wichtigsten Kunden hören, setzten auf Investitionen, die hohes Wachstum und gute Gewinne erwarten lassen. Das sind für bereits etablierte Unternehmen evolutionäre Technologien und keine Investitionen in disruptive Technologien.

Das Dilemma ist also, dass bereits erfolgreiche und etablierte Unternehmen eigentlich das Richtige tun: die Leistungsfähigkeit ihrer Produkte verbessern, sich an den Kundenbedürfnissen orientieren und ihre Ressourcen in solchen Innovationsinvestitionen zu bündeln, die das höchste Wachstum und den höchsten Gewinn versprechen. Aber der technologische Fortschritt, den Kunden heute fordern, muss nicht identisch mit dem Entwicklungspfad der Technologie sein. Denn Produkte, die die Ansprüche des Kunden heute (noch) nicht erfüllen – die disruptiven Technologien –, können den Bedürfnissen unter Umständen in der Zukunft genügen.

Wenn dieser Gedanke verstanden und akzeptiert ist, sollten etablierte Unternehmen sich nicht darauf verlassen, dass sie ihre heutigen Kunden zu Innovationen führen. Kundenorientierung ist essenziell bei evolutionären Innovationen und führt in die Sackgasse bei disruptiven Innovationen. „Scheitern durch Kundenorientierung" – diese Aussage geht mir als Berater im Vertrieb schwer über die Lippen. Das Neue ist komplex.

Ein sinnvolles Rezept eines Unternehmens, um sich gegen Branchenumbrüche zu schützen und disruptive Innovationen zu überleben, klingt einfach: selbst eine durchschlagende Innovation zu entwickeln, bevor es zu spät ist (Wesse und Christensen ((2013)). Meistens sind es amerikanische Firmen, die als Vorbilder herhalten. Aber es müssen nicht immer die ganz großen Würfe sein, denken Sie beispielsweise aktuell an „Drive Now", eine Kooperation von BMW und Sixt, die das Leitthema „Teilen" sehr erfolgversprechend für den Kfz-Bereich umgesetzt haben.

Oliver Gassmann beschreibt die Erfolgsgeschichte der Cewe Digital GmbH. Wie Kodak war Cewe in der analogen Fotografie tätig und produzierte noch im Jahr 1996 beachtliche 2,1 Mrd. Papierbilder. Doch im Gegensatz zum damaligen Platzhirsch Kodak ließ sich Cewe auf die Transformation des eigenen Marktes ein und gründete die Cewe Digital GmbH, um die Chancen der Digitalfotografie zu nutzen. Die Gesellschaft agierte als eigene Rechtspersönlichkeit, transparent, auch hinsichtlich der Kosten, und konnte sich völlig selbstständig und mit eigenen Mitarbeitern entwickeln. Das neue Unternehmen hinterfragte die gesamte Branchenlogik, ging neue Wege im Marketing, bei Abläufen und Applikationen und ist heute als Cewe Colors europaweit führend im Fotofinishing. Ein Blick für Chancen und konsequentes Handeln anstelle von Gewohnheit und Zögern. Keine halben Sachen! (Gassman ((2013)).

Literatur

Christensen, C. M.: The innovator's dilemma. Franz Vahlen, München (2011)
Gassman, O.: Keine halben Sachen. Harvard Business Manager, S. 32 f. (Ausgabe Februar 2013)
Wesse, M., Christensen, C. M.: So überleben Sie disruptive Innovationen. Harvard Business Manager, S. 21–31. (Ausgabe Februar 2013)

Über richtige Bienen und natürliche Fliegen 3

*Wenn es nur eine einzige Wahrheit gäbe, könnte man nicht hundert
Bilder über dasselbe Thema malen.*
Pablo Picasso

Stellen Sie sich vor, Sie geben eine Biene und eine Fliege in eine leere, durchsichtige Plastikflasche. Die Flasche hat keinen Verschluss, ist also am Flaschenhals geöffnet, so dass Biene und Fliege hinausfliegen könnten. Jetzt halten Sie Flasche so, dass der Flaschenboden nach oben und zum Sonnenlicht zeigt. Was passiert?

Biene und Fliege möchten beide die Flasche verlassen, da der Ort im Sinne der Nahrungssuche wenig hergibt. Die Biene, die weitaus höher entwickelt ist als die Fliege, strebt zum Licht und wird versuchen, am Flaschenboden einen Ausgang aus der Flasche zu finden. Die Biene kennt keinen Plan B, sie ist so programmiert, dass sie immer den direkten Weg zur Sonne sucht und hier ihr Heil vermutet. Alternative Strategien, die Flasche verlassen zu können, sind nicht in ihrer Programmierung vorgesehen. Das Ergebnis ist, dass die Biene in der Flasche zugrunde geht. Die Fliege möchte die Flasche ebenfalls verlassen. Anders als die Biene hat sie keinen Masterplan, dem sie uneingeschränkt folgt. Wer jemals versucht hat, eine Fliege zu fangen, weiß, dass sie sich nach unserem Verständnis völlig willkürlich an Orten niederlässt und dabei keiner erkennbaren Logik folgt. Diese Willkür ist ihr Glück: Die Fliege schafft es, sich aus der Flasche zu befreien, während die Biene darin stirbt.[1]

Jetzt werden Sie denken, dies sei ein Einzelfall: Im echten Leben, insbesondere in Unternehmen, ist ein strategisches Vorgehen allemal einem Marktteilnehmer überlegen, der

---

[1] Ulf Pillkahn ist Innovationsforscher und Vordenker in Sachen Innovation bei der Siemens AG München. Von ihm stammt das Experiment über Bienen und Fliegen.

© Springer Fachmedien Wiesbaden 2015
A. Schutkin, *Das Geheimnis des Neuen: Wie Innovationen entstehen,*
DOI 10.1007/978-3-658-07640-5_3

sich auf Willkür oder auf den Zufall verlässt. Da haben Sie vermutlich Recht. Andererseits lehrt uns das Bild von der Biene und der Fliege in der Flasche, dass es lebensrettend sein kann, nicht immer der eigenen Programmierung blind zu vertrauen. Das Erlernte oder – wie im Fall der Biene das Angeborene – ist ein wertvolles Gut, das umso wertvoller wird, wenn man es auch in Frage stellen und weitere Lösungswege zulassen kann. Doch gerade da ist meist der Haken: Wer renommierte und teure MBA-Programme oder ein Ingenieurstudium absolviert hat, vertraut – zu Recht – dem Gelernten, dem bei früheren Arbeitgebern Erlebten sowie dem eigenen Erfahrungswissen. Gerade in Krisensituationen und Krisenzeiten – wie die Biene in einer Flasche – vermuten wir das größte Maß an Sicherheit in unserem Erfahrungswissen und klammern uns an Routinen. Konjunkturelle Abschwünge werden von Unternehmen automatisch mit Kostensenkungsprogrammen und neuen, angepassten Plänen beantwortet. Tätigkeiten konzentrieren sich auf die Suche nach Einsparpotential, nach Effizienzsteigerung. Die in der Vergangenheit gelernten Instrumente werden blind angewendet, anstatt geänderten Rahmenbedingungen auch mit neuen Gedanken und Ansätzen zu begegnen. Routinen erscheinen noch immer die beste Medizin, um einer von rascher Veränderung geprägten Umwelt Herr zu werden.

Der Quer- und frühere IBM-Vordenker Gunter Dueck beschreibt in „Omnisophie" (Dueck (2004)). die unterschiedlichen Denkkulturen einzelner Menschen. Er gliedert die Denkweisen in die der „richtigen" Menschen, der „natürlichen" Menschen und der „wahren" Menschen. Die richtigen Menschen haben viel mit unserem Bild der Biene gemein. Richtige Menschen (und Bienen) orientieren sich in ihrem Menschsein sehr stark an Normen, Regeln, Vorgaben und an gelerntem Wissen. Richtige Menschen sind geprägt von logischem, analytischem, sequenziellem, rationalem Denken, also von der linken Gehirnhälfte. In der linken Gehirnhälfte ist auch das gelernte Wissen abgelegt. Ratio, Verstand und antrainiertes Wissen geben dem richtigen Menschen Orientierung und dienen als Rezept, also Anleitung für zu lösende Aufgabenstellungen. Sie dienen als Anweisungen, wie Menschen etwas in richtiger Weise zu tun haben. Rezepte sind von großem Wert, wenn wir ganz spezielle Ziele erreichen möchten. Wenn die Ziele vage sind, die Aufgabenstellung nicht eindeutig oder neu, ist es schwieriger. Die Stunde der richtigen Menschen schlägt immer dann, wenn bereits Schablonen und Muster für „richtiges" Verhalten vorhanden sind und das selbstgeschaffene Regelwerk ihrer Denkkultur Vorgaben anbieten kann. Außerhalb des Rezeptschranks sind richtige Menschen oft etwas hilflos. Schwierig zu verarbeiten sind für sie Ausnahmen, Spontanes – und Neues.

3.1   Richtige Menschen

Richtige Menschen gliedern ihre Umwelt in überschaubare und steuerbare Systeme, in denen ihre Rezepte Anwendung finden. Das Vorgehen ist ähnlich einem Computerprogramm. Systematische Probleme bereitet daher alles, was nicht in das System passt und was die Ordnung stört. Wenn diese Probleme umgangen werden können, lebt der richtige Mensch wunderbar in seinem stabilen System, das ist dann richtig seine Welt. Richtige

Menschen sind demnach auch bestrebt, Systeme zu schaffen, die dem eigenen Ordnungssinn entsprechen, und versuchen daher (unbewusst), ihre Umwelt „richtig" zu gestalten. Planen, organisieren, terminieren, budgetieren, steuern, regeln, priorisieren, einteilen, messen, dokumentieren, managen sind Erscheinungsformen dieser Denkkultur und wichtige Anker im beruflichen und privaten Leben richtiger Menschen. Der richtige Mensch geht richtig vor und plant genau. Alles, was die Ordnung im System gefährdet, wird bekämpft. Dabei glaubt der richtige Mensch daran, dass Planung die beste Lebensversicherung sei. Begriffe wie Ungewissheiten, Unsicherheit, Risiken, das Vage oder Zufälle haben in diesem System keinen Raum. Was nicht ins System passt, soll möglichst aus dem Leben richtiger Menschen herausgehalten werden. Also auch das Neue.

3.2   Natürliche Menschen

Im Leben des „natürlichen" Menschen reagiert der Wille. Sein Leben dreht sich darum, Herausforderungen zu bewältigen: Berge besteigen, sich mit anderen messen, gewinnen und verlieren, Abenteuer eingehen. Natürliche Menschen müssen bezwingen, probieren, Neues erfahren. Sie möchten immer anspruchsvollere Ziele erreichen, ihren Willen stählen, etwas erreichen. Sie wollen auch nur aus selber gemachten Fehlern lernen. In gewisser Weise ist es ein Eroberungsfeldzug in die Welt hinein. Es geht nicht unbedingt um die Weltherrschaft, sondern um das Spüren des vollen Lebens. Es geht um Erlebnisse – zuallererst natürlich um das Siegen, aber auch um die Bewältigung von Schwierigkeiten, die Verarbeitung von Niederlagen. Natürliche Menschen suchen Aufgaben, bei denen sie mit voller Kraft und voller Energie arbeiten können. An solchen Aufgaben, die sie tun wollen! Regeln, Gesetze, Normen und Systeme nehmen sie dabei zur Kenntnis, ohne diese stets als unbedingte Rahmenbedingung für ihr eigenes Leben zu begreifen, wie dies richtige Menschen tun. Steffi Graf ist ein gutes Beispiel für einen richtigen Menschen, Boris Becker für einen natürlichen Menschen. Das Leben gibt dem natürlichen Menschen mehr jenseits der Grenzen. Das Neue ist willkommen.

3.3   Wahre Menschen

Und die „wahren" Menschen? Sie vertrauen ihrer Intuition. Ihre Denkkultur wird maßgeblich gesteuert von der rechten Gehirnhälfte, welche verantwortlich ist für Gefühle, Kreativität, Intuition, Spontanität, ganzheitliche Zusammenhänge. Richtige Menschen greifen auf ihre Computerprogramme zu, natürliche Menschen werden angetrieben durch ihren Willen, und wahre Menschen verlassen sich auf ihre inneren Sensoren. Sie entwickeln ein Gefühl dafür, was richtig und falsch ist, was sie bei der Bewältigung von Aufgabenstellungen und Entscheidungen führt. Der rechten Gehirnhälfte wird auch die Erarbeitung neuer Fähigkeit zugeschrieben, das Gelernte wird dann in der linken Gehirnhälfte abgelegt. Oder: Als das „Richtige" wird links abgelegt, was einst intuitiv erkannt wurde. Intuitive Menschen sind meist geprägt von einer Idee, die sie über das (richtige) System stellen. Ideen können hierbei auf einem breiten Feld entwickelt werden, beispielsweise in der Liebe, im Zusammenleben der Völker, in der Politik, im Klimaschutz, in der Kunst, der Ästhetik, der Gestaltung, der Technologie, der Kommunikation oder auch im Konzept einer Software. Wichtig ist, dass von der Idee etwas Wahrhaftiges, etwas Großes und Ganzheitliches ausgeht, für das es sich einzustehen lohnt. Neue Leitideen und Leitsterne machen dabei den Weg frei für Neues. Dabei werden intuitive Menschen häufig von Selbstzweifeln begleitet, der intuitive Mensch verzagt und zweifelt an seiner Kompetenz, auch wahre Gurus halten sich auf ihrem Fachgebiet mit mutigen Aussagen zurück und relativieren ihre Leistung. Es mag sein, dass dieser permanente Zweifel im Inneren intuitive Menschen zu hohen Leistungen befähigt und der Qualität ihres Schaffens dient.

Wie gelingt es nun der Fliege, die Flasche zu verlassen? Es ist wohl eine Mischung aus trial and error, Zufall, Glück und Hartnäckigkeit. Entscheidend ist, dass sie auch Wege abseits des Gelernten ausprobiert, dass sie sich nicht stur auf Logik und Ratio verlässt und Regeln bricht. In jedem Fall verhält sie sich in dieser Krisensituation nicht „korrekt". Das Neue ist also nicht immer richtig.

Literatur

Dueck, G.: Omnisophie, 2. Aufl. Springer, Berlin (2004)

Finden Sie Ihr Serendipity

4

> *Je planmäßiger die Menschen vorgehen, desto wirksamer trifft sie*
> *der Zufall.*
> *Friedrich Dürrenmatt*

Jedes Unternehmen liebt Innovationen, solange es hierfür eine Vollkaskoversicherung gibt! Es gehört für jedes Unternehmen zum guten Ton, sich Innovationsfreude auf die Fahnen und die Website zu schreiben. Innovation klingt ja auch unglaublich positiv, modern und zukunftsgerichtet. Soweit zur Theorie. In der Praxis drückt sich das „Innovative" weniger darin aus, etwas wirklich Neues auf den Markt zu bringen. Vielmehr wird Innovation in vielen Unternehmen ausschließlich mit einer Verbesserung des Bestehenden gleichgesetzt. Dass die meisten Manager als Routinier gerne auf Nummer sicher gehen, ist bereits beschrieben worden. Dass anscheinend auch in der Forschung die Routiniers das Sagen haben, ist erschreckend überraschend.

Rolf Berth hat in einer empirischen Studie für über 432 Innovationsprojekte in 32 Branchen in Deutschland herausgefunden, dass gerade Verbesserungsinnovationen bei Managern eine hohe Wertschätzung genießen, Durchbruchsinnovationen sowie visionäre Absichten sich hingegen mit geringer Beliebtheit – und damit geringem Budget – abfinden müssten (Vgl. Berth (2003)). Gerade einmal 12 % des F + E-Budgets stehen für „echte" Innovationen zur Verfügung. Der Großteil fließt in „Innovationen", die ihren Namen nicht verdienen: in Qualitätsmaßnahmen bei bestehenden Produkten, in die Produktpflege – also in neue Features oder ein neues Design – sowie in Verbesserungen und Erneuerungen des Produktes und der Produktpalette. Wundert uns das? Eigentlich kaum. Manager tendieren dazu, das bestehende Geschäft und das bestehende Geschäftsmodell zu schützen, anstatt neue Geschäftsfelder aufzubauen. Das ist in der Regel besser für ihre eigene Karriere, wieso sollten sie Risiken eingehen?

© Springer Fachmedien Wiesbaden 2015   19
A. Schutkin, *Das Geheimnis des Neuen: Wie Innovationen entstehen*,
DOI 10.1007/978-3-658-07640-5_4

4.1 Neues nur mit Vollkaskoversicherung

Nobelpreisträger Daniel Kahneman stellt dar, dass die meisten Menschen über eine sehr hohe Verlustaversion verfügen (Kahnemann (2012)): Die meisten Optionen, zwischen denen wir im Leben wählen müssen, sind gemischt. Es gibt Gewinnmöglichkeiten und Verlustrisiken, und wir müssen entscheiden, ob wir Risiken eingehen oder nicht. Die meisten Menschen bewerten mögliche Verluste höher als mögliche Gewinne, sind demnach verlustscheu. Häufig werden mögliche Verluste in etwa doppelt so hoch bewertet wie mögliche Gewinne. Diese bei vielen Menschen und damit auch in vielen Unternehmen verbreitete hohe Verlustaversion führt dazu, dass vielerlei Optionen mit günstigen Chancen verworfen werden, weil der Blick ausschließlich auf die Risiken gerichtet ist.

Der niederländische Kulturpsychologe und Sozialwissenschaftler Geert Hofstede versucht anhand von fünf Kulturdimensionen, länderspezifische Besonderheiten und Unterschiede zu erheben. Eine Dimension ist hierbei Unsicherheitsvermeidung. Kulturen, die nach hoher Unsicherheitsvermeidung streben, suchen nach Eindeutigkeit in einer Situation. Das Unbekannte, das Fremde, also auch das Neue wird primär als Bedrohung wahrgenommen. Gesucht werden das Bekannte und eindeutige Situationen, sowie ein funktionierendes Regelwerk. Eine starke Unsicherheitsvermeidung zeigen beispielsweise Griechenland, Portugal, Belgien, Russland, Japan, Frankreich und Spanien. Die Schweiz, Österreich, Deutschland, gefolgt von den asiatischen Ländern (außer Japan und Korea), befinden sich in den mittleren Werten. Einige asiatische Länder (außer Japan und Korea), Dänemark, Schweden, Irland, Großbritannien, die USA, die Niederlande und die afrikanischen Länder zeigen eine schwache Unsicherheitsvermeidung. In unserem Kontext ist diese Größe relevant, weil Länder- und auch Firmenkulturen mit hoher Vermeidungsabsicht neue Gedanken unterdrücken sowie Innovationen, Veränderungen und Neuem abweisend gegenüberstehen.[1]

Dabei wäre jeder Euro in „echte" Innovationen gut investiert, die zu erwartenden Renditen sind doppelt so hoch wie bei Verbesserungen und Erneuerungen. Und interessanterweise bei fast identischer Floprate! Es ist erstaunlich, dass dies noch nicht bei den Controllern angekommen ist.

4.2 Sind Innovationen planbar?

„Den Mutigen gehört die Welt", möchte man den Routiniers zurufen. Aber vermutlich hören sie es nicht. Sie kümmern sich weiter um Verbesserungen und Erweiterungen, sogenannte inkrementelle Innovationen. Das hat noch einen anderen Grund. Wir haben bereits festgestellt, dass Routiniers Sicherheit und Orientierung in Modellen und Prozessen suchen. Wenn es um Innovationen geht, streben Routiniers geordnete Innovationsprozesse an. Ziel dieser Innovationsprozesse ist, Innovationsvorhaben eine Richtung zu geben,

---

[1] Vgl. hierzu die Ausführungen auf der Homepage von Geert Hofstede.

Aus Sicht von Routiniers	Aus Sicht von Abenteurern
Innovationen werden geplant	Innovationen können nicht geplant werden
Es ist möglich, das Unbekannte in Anlehnung an das Bekannte zu systematisieren und in einem Prozess herzuleiten. Ergebnisse unterliegen nicht dem Zufall, sondern sind Folge der richtigen Methodik.	Das zu generierende Wissen ist naturgemäß neu; eine Anlehnung an Bekanntem ist nicht sinnvoll; der Prozess ist nicht oder nur sehr eingeschränkt planbar, Zufälle, Glück und Umwege spielen eine Rolle.

Abb. 4.1 Innovationsverständnis aus Sicht von Routiniers und Abenteurern. (Orientiert an Scholl, W., Innovationen und Informationen, Göttingen 2004)

diese zu formalisieren, zu systematisieren. Es geht darum, Managementtools auf Innovationsvorhaben anzuwenden und das scheinbar nicht Steuerbare und Planbare zu kontrollieren und zu „managen". Damit ist – aus Sicht der Routiniers – der entscheidende Schritt getan, damit die Ideen generiert, verglichen, ausgewählt und umgesetzt werden können. Innovationen können demnach geplant werden! Das verwundert, verbinden wir doch mit Innovationen die Produktion neuer Wissenselemente, die zumindest im Kern etwas Neues enthalten. Mit der Fragestellung, ob es ein sinnvoller Weg sei, Neues aus Altem herleiten zu wollen, hat sich bereits die Wissenschaftstheorie beschäftigt. Karl Popper kommt zu dem Schluss, dass das Neue stets neu getestet und erprobt werden müsse und dass es ein Trugschluss sei, Neues aus Bestehendem abzuleiten. Aber wenn das Neue, also Innovationen im ursprünglichen, im „echten" Sinne, nicht oder nur in geringem Ausmaß aus dem bestehenden Wissen abgeleitet werden kann, wie soll es dann möglich sein, Innovationen systematisch zu planen. (Abb. 4.1)

Die Stunde der Routiniers schlägt immer dann, wenn ein konkretes Problem gelöst werden soll oder wenn bereits zu Beginn ein klares Entwicklungsziel ausgegeben werden kann, wenn also der Prozess vergleichsweise eng gehalten wird, Charakter eines Projektmanagements annimmt und klassischerweise Ingenieurskunst wesentlich zur Lösung beiträgt. Beispiele von Innovationen, die auf Planung beruhen, sind die elektrische Waschmaschine (Fisher 1901), die Mondlandung (NASA 1969), das GPS-System, erfunden durch das amerikanische Militär 1980, sowie die Hochhaus-Architektur (Buffington 1885). Echte Neuerungen sind bei akribisch geplanten Innovationen jedoch eher die Ausnahme als die Regel. Es wäre ja auch zu schön, wenn man „echte" Innovationen strategisch planen und im Rahmen eines Projektmanagements umsetzen könnte. Natürlich sind Überlegungen und Bestrebungen sinnvoll, um die Informationstiefe zu erhöhen, und Nutzenaspekte dürfen Gehör finden. Innovationen bleiben aber immer Wagnisse, und in der Regel ist es erst im zeitlichen Rückblick möglich, eine Idee abschließend zu beurteilen.

Wolfgang Scholl merkt an, dass das Phänomen geringer Planbarkeit von Innovationen in der Innovationsliteratur kaum ernst genommen wird. Innovationen, die ungeplant oder zufällig entstanden sind, werden dem Reich der Anekdoten zugeordnet und in die Schublade der vermeintlichen einmaligen Zufalls- oder Glückstreffer gesteckt. Geschichten, die man sich unter der Überschrift „Unglaublich, aber wahr" in lockerer Runde bei einem Bier erzählt. Dabei wird übersehen, dass es diese ungeplanten und irregulären Ereignisse in der Praxis deutlich öfter gibt, als das Innovationsmanagement vermutet. Rückschläge und Fortschritte in den einzelnen Entwicklungsphasen werden offensichtlich stark beeinflusst von unvorhergesehenen, teilweise chaotisch anmutenden Umständen, die man nicht auf „gutes" oder „schlechtes" Innovationsmanagement reduzieren kann. So scheitern – trotz bester Planung – Innovationen an einzelnen Fehleinschätzungen; andere laufen so glatt, dass sich eher die Kategorie „glückliche Umstände" als „gutes Management" anbietet. Wieder andere Innovationen können nur konspirativ erfolgreich abgeschlossen werden, also gegen die Planungen und Entscheidungen des übergeordneten Managements. Zudem werden viele Entdeckungen zufällig gemacht, also während der Verfolgung ganz anderer Ziele (Scholl (2004)).

William Coyne, früherer Vizepräsident für F + E bei 3M, sagte einmal sinngemäß, „dass Innovation alles Mögliche sei mit zum Teil chaotischen Menschen und Prozessen. Der Wettbewerb weiß bei uns nie, was wir als Nächstes auf den Markt bringen. Tatsache ist, wir wissen es auch nicht!"

Routiniers weigern sich hartnäckig, diese Realitäten anzuerkennen. Für sie ist Innovationserfolg im Wesentlichen eine Frage der systematischen Planung und vom Geschick des Managements abhängig. Für Verbesserungen, Erweiterungen, Adaptionen, Transfers ist ihnen zuzustimmen. Echte Innovationen dürften mit dieser Strategie die Ausnahmen bleiben. Unter dem Zauberwort „Innovationsmanagementsystem" lebt der Mythos von der Planbarkeit echter Innovationen indes fort, auch wenn der Begriff sehr viel mit dem Verwalten und sehr wenig mit dem Entstehen von Neuem zu tun hat. Planung führt selten zu echt Neuem. Wäre das so, läge das Silicon Valley näher bei Moskau als bei San Francisco…

Zu der Frage, ob denn alles in der Welt zufällig geschehe und Willkür die Welt bestimme, Gott also würfele, hatte Albert Einstein einen klaren Standpunkt: „Der Alte würfelt nicht", erklärte er vehement. Stephen Hawking konterte mit dem ihm eigenen Sarkasmus: „Gott würfelt nicht nur, sondern manchmal wirft er die Würfel auch so, dass man sie nicht sehen kann." Das Unvorhergesehene, das Überraschende und Instabile ist fester Bestandteil unseres täglichen Lebens, der Zufall unser täglicher Begleiter, und oft dreht die Göttin Fortuna das Glücksrad des Lebens, um diesem eine positive Wendung zu geben.

4.3   Über Glücksfunde

Das schöne Wort Serendipity steht dafür, dass man zufällig etwas findet, nach dem man eigentlich gar nicht gesucht hat. Es handelt sich um einen glücklichen Fund, einen Glücksfund. Die Geschichte ist voll von zufälligen Funden, selbst die Entdeckung Amerikas gilt als ein zufälliges und glückliches Ereignis – Columbus suchte ja eigentlich Indien –, auch ein Saurier (Dinosaurier Serendipaceratops) ist zufällig entdeckt worden und trägt diesen Umstand in seinem Namen. Die Geschichte der Innovationen und der Entdeckungen ist voll von diesen glücklichen Umständen.

Der amerikanische Chemiker Roy Plunkett hätte sich mit der Zwangspause abfinden können, die eine vermeintlich leere Gasflasche seinem Experiment bescherte. Ebenso wäre es verständlich gewesen, hätte Alexander Fleming seine verschimmelten Bakterienkulturen einfach in den Müll geworfen, als er nach seinem Urlaub wieder zurück ins Labor kam. Beide beschäftigten sich jedoch mit ihren Missgeschicken und bescherten der Menschheit so nützliche Dinge wie Teflon und Penicillin. Die beiden sind keine Einzelfälle, schon die Ägypter sollen das Bier zufällig dadurch erfunden haben, dass einige Brotreste in einen Wasserkrug fielen und dort vergoren, Newton brachte ein fallender Apfel auf sein Gravitationsgesetz und Archimedes bescherte bekanntlich eine überlaufende Wanne sein Heureka-Erlebnis.

Der Zufall zieht sich bis in unsere Zeit und verhalf uns beispielsweise auch zur Mikrowelle in der Küche. Diese verdanken wir einem Techniker, dem vor einem Radargerät ein Schokoriegel schmolz. Und den Velcro-Klettverschluss einem Schweizer Erfinder, dem nach einer Wanderung hartnäckige Kletten an der Kleidung hafteten, was ihm zu dem Klettverschluss inspirierte. Es drängt sich der Eindruck auf, dass in der vermeintlich so rationalen, so geplanten Welt der Forschung und Entwicklung manches ziemlich ungeplant abläuft.

Wie groß die Rolle des Zufalls in der Forschung tatsächlich ist, kann schwer quantifiziert werden. Tatsächlich ist es aber zumeist so, dass der Zufall, der glückliche Umstand, nicht unvorbereitet und willkürlich kommt. „Der Zufall begünstigt nur den vorbereiteten Geist", bringt es der französische Chemiker Louis Pasteur auf den Punkt. Martin Schneider stellt bei der Untersuchung von glücklichen Zufallserfindungen fest, dass es bei aller Unterschiedlichkeit auch viele Gemeinsamkeiten gibt. Keinem Forscher ist das Glück zugeflogen, alle Begünstigten beherrschten ihr Fachgebiet und waren überaus fleißig. Es waren nicht die „dümmsten Bauern", die die dicksten Kartoffeln ernteten. Aber der Begriff vom „Glück des Tüchtigen" passt in diesem Zusammenhang ausgezeichnet. „Entdeckung bedeutet zu sehen, was jeder gesehen hat, aber zu denken, was noch keiner gedacht hat", so der Medizin-Nobelpreisträger Albert Szent-Gyorgyi. Serendipity beschreibt also das „Finderglück", der Zufall benötigt in jedem Fall sein Gegenstück, den „vorbereiteten Geist" (Vgl. Schneider (2002)).

Abbildung 4.2 zeigt einige zufällige Erfindungen, die zu Verkaufsschlagern wurden, obwohl sie nicht geplant waren. Die detaillierten Zufallsgeschichten hierzu finden sich unterhaltsam aufbereitet bei Schneider.

Entdeckung bzw. Innovation	Entdecker
Künstlicher Süßstoff	James M. Schlatter (1965)
Linoleum	Frederick Edward Walton (1863)
LSD	Albert Hofmann (1943)
Nylon-Strümpfe	Wallace Hume Carothers (1935)
Klettverschluss	Georges de Mestral (1951)
Penicillin	Alexander Fleming (1928)
Post-it-Notizkleber	Art Frey / Spencer Silver (1974)
Porzellan	Johann Friedrich Böttger (1708)
Röntgenstrahlen	Wilhelm Conrad Röntgen (1895)
Teflon	Roy Plunkett (1938)
Teebeutel	Thomas Sullivan (1904 oder 1908)
Viagra	Robert Furchgott (1980)

Abb. 4.2 Neues, das zufällig entdeckt wurde

Literatur

Berth, R.: Innovationen: Auf Nummer sicher. Harvard Business Manager, S. 16–19. (2003)
Kahneman, D.: Schnelles Denken, Langsames Denken, S. 348–355. Siedler, München (2012)
Scholl, W.: Innovation und Information, S. 5. Hogrefe, Göttingen (2004)
Schneider, M.: Teflon, Post-it, und Viagra. Große Entdeckungen durch kleine Zufälle, S. 1–5. Wiley-VCH, Weinheim (2002)

Licence to Dream

5

> *Es gibt keine logische Methode für das Entstehen neuer Ideen oder eine logische Rekonstruktion dieses Prozesses. Alle großen Entdeckungen beinhalten ein irrationales Element kreativer, intuitiver Eingebung.*
> *Karl Popper*

Was macht nun solche Unternehmen aus, bei denen Abenteurer für Innovationen verantwortlich sind? Es ist primär die Haltung, dass der Innovationsprozess nur schwer steuerbar ist. Dass der Weg geprägt ist von Unsicherheit, von Unbekanntem, Irrtümern, Glück und Zufällen. Dass der Weg auch über Umwege gehen kann. Dass Messbarkeit nicht immer gegeben sein kann. Dass Innovationen nur selten unter enger Führung und stetiger Kontrolle auf die Welt kommen.

5.1 Unsicherheit ist Teil des Jobs

Unsicherheit kann man als Bedrohung oder als Chance wahrnehmen. Routiniers sind bestrebt, diese Unsicherheit zu kontrollieren, sie in beherrschbaren Szenarien darzustellen, denen wiederum Eintrittswahrscheinlichkeiten und Gegensteuerungsmaßnahmen zugeordnet werden können. Abenteurer sind keine Hasardeure. Es besteht aber anstelle eines Kontrollwillens eine innere Akzeptanz, dass Unsicherheit Teil des Jobs ist. Abenteurer nehmen die Bedingungen einer nicht planbaren Umwelt an und finden das spannend! Wenn das echt Neue kaum planbar ist und der Zufall eine relevante Rolle spielt, so kann man Zufall und Glück dadurch begünstigen, dass man die Anzahl der Gelegenheiten erhöht.[1]

---

[1] Siehe hierzu sehr ausführlich und fundiert (Pillkahn 2012).

© Springer Fachmedien Wiesbaden 2015
A. Schutkin, *Das Geheimnis des Neuen: Wie Innovationen entstehen,*
DOI 10.1007/978-3-658-07640-5_5

Thomas Alva Edison gilt als der größte Erfinder, der je gelebt hat. Er produzierte in Höchstgeschwindigkeit: Telegraph, Telefon, Phonograph, Generator, Voltmeter, Glühlampe, Filament, Vakuumpumpe und vieles andere Neue. Natürlich gab es daneben auch Fehlschläge, wie beispielsweise eine Tinte für Blinde oder einen Thermosensor. Er gilt noch heute als der Prototyp des genialen Erfinders und war nicht nur brillant, sondern auch unglaublich fleißig. Sein Ziel war es, alle zehn Tage eine neue Erfindung zu liefern und jedes halbe Jahr eine echte Durchbruchsinnovation. In seinem Labor im amerikanischen Menlo Park erarbeitete er in sechs Jahren mit seinem Team zwischen fünf und fünfzehn Ingenieuren 400 Patente. Von einem Innovationsprozess oder dem Innovationsmanagement-ähnlichen Ansatz ist nichts bekannt. Etablierte Praktiken, Überzeugungen und Regeln in Frage zu stellen und zu brechen, waren eher sein Antrieb und der Weg zu Erkenntnisgewinn.[2]

5.2   Kick It Like Google

Die Abenteurer von Google faszinieren seit Jahren Autoren und Manager gleichermaßen. Die Gedankenwelt der Gründer Larry Page und Sergey Brin zu ergründen und die Erfolgsgeheimnisse des Unternehmens zu verstehen, haben schon einige Schreiber versucht (Vgl. Brandt (2003); Jarvis (2009); Kaufmanns und Siegenheim (2009)). Google wurde gegründet, um die Vorstellung von einer verbesserten Suche im Internet umzusetzen. Die Internetseiten wurden nicht (wie beispielsweise bei Yahoo!) nach der Anzahl der Schlüsselworte auf der Seite gelistet, sondern aufgrund der Verlinkung und der Zugriffe Dritter. Dieser neue Algorithmus setzte sich schnell als Standard zur Suche im Internet durch. Heute ist Google eines der am schnellsten wachsenden Unternehmen weltweit, eine der wertvollen Marken und einer der begehrtesten Arbeitgeber.

Google erwartet von seinen Mitarbeitern auch, dass ihnen Neues einfällt. Es ist Teil des Jobs. Auch daran werden Mitarbeiter gemessen. Es ist Googles Art zu wachsen. Dafür räumt Google technischen Mitarbeitern die Möglichkeit ein, 20 % ihrer Zeit in die Entwicklung neuer Ideen, neuer Produkte und neuer Geschäftszweige zu stecken. Marissa Mayer, heute CEO bei Yahoo! und früherer Vice President und Mitarbeiterin Nummer 20 bei Google, beschreibt es als „eine Lizenz zur Verwirklichung eigener Träume". Google denkt nicht in Bürokratien, Projektgruppen und Organisationsdiagrammen, sondern räumt Mitarbeitern ein Zeitbudget ein, damit diese kreativ sein können und eigene Ideen umsetzen. Sie sollen etwas Neues hervorbringen – Ideen, die dazu führen können, das eigene Geschäft besser auszuschlachten, neu zu durchdenken oder auch zu zerstören. Gemäß dem Motto: „Besser wir selber tun das als der Wettbewerb" (Vgl. Jarvis (2009)). Das ist Innovation ihrer reinen Form.

Aus diesem oft kopierten Modell entstanden Dienste wie Gmail, Google Maps oder AdSense, die Google Milliarden an Einnahmen bringen. Der jetzige CEO Larry Page strebt nun offenbar eine Konzentration auf weniger Ideen an und möchte die 20 %-Regel, die viele Ideen geboren hat, zugunsten einer Konzentration auf wenigere größere Pro-

---

[2] Zur Case Study Edison (Pillkahn 2012, S. 148 f.).

jekte eintauschen. Schon jetzt tüfteln Google-Ingenieure im geheimnisumwitterten Projekt „Google X" etwa an der Brille „Google Glass", einem selbststeuernden Auto oder WLAN-Ballons, die Afrika mit Internet versorgen sollen. Und mit dem Zukauf von Thermostate-Hersteller Nest schaffte Google auch eine ausgezeichnete Grundlage für die Führungsrolle im kommenden „Internet der Dinge". Man darf dieser Datensammelwut sehr wohl skeptisch gegenüberstehen – den Mut zum Neuen sollte man trotzdem anerkennen.

5.3 Beschränkung macht kreativ

Google sucht nach Ideen und Neuem mit großer Leidenschaft. Dabei ist akzeptiert, dass Hierarchien zur Auswahl der Innovationsprojekte ungeeignet sind. Der Anwender ist das Maß aller Dinge, Führungskräfte haben keine formale Macht, Innovationsprojekte zu stoppen, sondern die Aufgabe, alles zu tun, um Neuerungen zu fördern. Die Google-eigene Innovationsphilosophie ist in neun Prinzipien zusammengefasst, die den Stellenwert und die Radikalität, mit der Neues in die Welt gebracht werden soll, offensichtlich machen (Vgl. Salter (2008); Pillkahn (2012, S. 234 f.). Diese Prinzipien werden ständig hinterfragt und angepasst. Am spannendsten finde ich das (frühere) Prinzip: „Kreativität und Begrenzung ziehen sich an."

Einschränkungen machen kreativ? Google stellt sich die Frage: „Was wäre, wenn die Welt morgen keine Suchmaschinen mehr benötigte? Was würden wir dann machen?" Durch diese Frage führt sich Google selber aus der Komfortzone. Es geht zurück zu den Anfängen. „Wir müssen als Google existieren. Mit Suchmaschinen geht es nicht. Was machen wir?"

Das Prinzip „Beschränkung" zielt darauf ab, dass eine Ressourceneinschränkung die Kreativität herausfordern kann. Außerhalb von Google ist dies beispielsweise durch die sogenannte „Gandhi-Innovation" festzustellen. Das Pro-Kopf-Einkommen in Indien ist gering, die Produkte und Dienstleistungen müssen also sehr günstig angeboten werden. Zudem waren und sind die Forschungsbudgets gering, die selbst gesteckten Forschungsziele hingegen hoch und die Visionen der Führungspersönlichkeiten wie Mittal und Tata ambitioniert. Diese Kombination hat den Erfindergeist in Indien gefördert und die Menschen gezwungen, oft andere Wege zu beschreiten und neue Märkte zu schaffen.

Oder denken Sie beispielsweise an die Entwicklung Baden-Württembergs: Als rohstoffarmer Agrarstaat konnten sich die Bewohner nicht ausruhen, sondern mussten auf alternativen Wegen versuchen, für ein Auskommen zu sorgen. Im 19. Jahrhundert entwickelte sich daher das Nebenerwerbshandwerk, welches handwerkliche Geschicklichkeit, technischen Verstand und praktische Vernunft förderte – wichtige Tugenden für eine zukünftige Industrialisierung. Gemeinsam mit einer früh eingeführten allgemeinen Schulpflicht ist dies die Grundlage für das Entstehen einer grüblerischen Intelligenz. In Württemberg entstand eine konkurrenzfähige, innovative Industrie. Der „schwäbische Tüftler" war geboren – aus der Not heraus (hierzu Jeggle (1997)).

Der schwungvolle Auftritt des charismatischen italienischen Schauspielers Roberto Benigni anlässlich seines Oscar-Gewinns ist Legende. Im Moment des Triumpfs bedankte er sich bei seinen Eltern für ihre Liebe sowie das „Geschenk" der Armut, Entbehrungen und Beschränkungen in seiner Kindheit, die ihn wachsen ließen. Beschränkung macht kreativ!

5.4 Neues jetzt, Geld später

Google bemüht sich darum, sein gesamtes Unternehmen auf Innovationen auszurichten. Das Budget für Forschung und Entwicklung wird gemäß einer 70/20/10-Regel aufgeteilt: 70 % gehen in die Cash-cow und Kerngeschäft, die Suchmaschine, 20 % in daran angrenzende Geschäfte. Zehn Prozent des Budgets fließen indessen in völlig neue Geschäftsfelder und Produkte mit der Folge, dass auch Innovationen in solchen Geschäftsbereichen entstehen, mit denen die Öffentlichkeit Google heute noch nicht identifiziert: Google „Books", „Health" und „Self-Driving Car" zum Beispiel. Und während andere im Smartphonemarkt das nächste Me-too-Produkt auf den Markt bringen, denkt Google lieber in Datenbrillen, mit denen man telefonieren, navigieren und fotografieren könnte, und nennt die Idee Google „Glass". Der Innovationsbrunnen ist tief und er spuckt eine Idee nach der anderen aus. Der langjährige CEO Eric Schmidt erklärt das Denken so: „Präsenz zuerst, Umsätze später ... Wer es schafft, ein tragfähiges Angebot für den Endnutzer aufzubauen, wird immer Möglichkeiten finden, damit Geld zu verdienen" (Iyer und Davenport (2008)).

Diese Haltung ist sicherlich nicht „richtig", aber „echt abenteuerlich". In jedem Fall schafft sie Neues.

Literatur

Brandt, R.: Inside Larry und Sergey's brain (2003)
Iyer, B., Davenport, T. H.: Vorbild Google. Harvard Business Manager, 44–58; Zitat 44 (2008)
Jarvis, J.: Was würde Google tun, S. 189 f. München (2009) (Jarvis, J.: What would Google do? (2009))
Jeggle, U.: Die Erfindung des schwäbischen Erfinders. In: von Pierer, H., von Oetinger, B. (Hrsg.) Wie kommt das Neue in die Welt?, S. 111 f. München (1997)
Kaufmanns, R., Siegenheim, V.: Die Google-Ökonomie. Wie der Gigant das Internet beherrschen will. Düsseldorf (2009)
Pillkahn, U.: Innovation zwischen Planung und Zufall, Bausteine einer Theorie der bewussten Irritation. Norderstedt (2012)
Salter, C.: The faces and voices of the world's most innovative company. Fast Company. Issue 123, S. 22 f (2008)

Es lebe die Langeweile

6

Die wahre Entdeckungsreise besteht nicht darin, dass man neue
Länder sucht, sondern dass man neue Augen hat.
Marcel Proust

Langweile ich Sie eigentlich gerade mit meinem Buch? Das wäre wunderbar, denn Langeweile fördert die Kreativität. Sagt Friedrich Nietzsche, der die Langeweile als eine „Windstille der Seele" wertschätzte. Für Nietzsche war Langeweile ein Zustand, dem man standhalten und den durchleben solle, weil sich dahinter etwas Neues auftäte. Indem man sich der Langeweile aussetzt, entwickelt man eigene Abwehrstrategien gegen die Langeweile und wird kreativ. Die Fantasie wird aktiv und die Innenwelt kommt in Bewegung. Äußere Reize können demnach auch ablenkend sein und verhindern, dass durch die innere Auseinandersetzung mit der Krise der Langeweile etwas Selbstgeschaffenes, Neues hervorgebracht wird.

In der Tradition von Friedrich Nietzsche wird in London seit dem Jahr 2010 jährlich die „Boring Conference" abgehalten. Die Veranstaltung verspricht Vorträge zu den langweiligsten Themen, das langweiligste Rahmenprogramm mit dem langweiligsten Mittagsbuffet. Natürlich lebt die Veranstaltung von dem typisch britischen Humor und Selbstironie. Es geht den Initiatoren aber auch darum, sich Zeit zu nehmen für die alltäglichen Dinge. Eine Entschleunigung in einer Welt, in der es als schick gilt, gehetzt durchs Leben zu gehen und von seiner Überforderung berichten zu können. Vortragsthemen handeln von dem Profanen, dem Gewöhnlichen, das in der schnellen Welt voller Ablenkung gerne übersehen wird – Aufmerksamkeit für das Gewöhnliche. Die Veranstaltung feiert die Langeweile und vertreibt sie gleichzeitig. Die Vortragenden versuchen, ein möglichst langweiliges Thema mit großer Hingabe und kreativer Her- und Umleitung zu vermitteln, und schaffen somit auch Denkspielräume im Auditorium. Die Langeweile als Chance zur Selbstreflexion und als Ausgangspunkt kreativer Gedanken.

© Springer Fachmedien Wiesbaden 2015
A. Schutkin, *Das Geheimnis des Neuen: Wie Innovationen entstehen*,
DOI 10.1007/978-3-658-07640-5_6

Langeweile in Form von Muße galt in der Antike als Luxus. Nur die Elite verfügte über dieses Privileg und nahm die Muße als Ausgangspunkt für vielerlei neues Denken über die Zusammenhänge des Lebens. Es scheint, dass produktive Langeweile in unserer strukturierten und eng getakteten Alltagswelt wieder ein Privileg der Eliten werden könnte.

Ora et labora

Liegt über Ihrem Unternehmen manchmal ein ähnlicher Dornröschenschlaf wie über manchem Kloster im Mittelalter? Viele der Mönche litten damals an der Krankheit, zu viel Zeit zu haben. Benedikt von Nursia sah in diesem Müßiggang einen Feind der Seele und beglückte seine Brüder mit achtundvierzig Kapiteln einer Mönchsordnung, bekannt geworden unter der Formel „Ora et labora". Benedikt von Nursia wollte diesen, aus seiner Sicht lähmenden, Zustand des Stillstands unterbrechen. Ihm ging es darum, den Rhythmus im Leben zu ändern, das Gewohnte zu unterbrechen und die Wachsamkeit zu fördern. Über die Macht von Gewohnheiten wird dieses Buch auch in einem späteren Kapitel berichten. Können die Benediktiner neue Erkenntnisse liefern, wie das Neue in die Welt kommen kann? Jürgen Werner bietet in seinem Aufsatz „Sieben nicht-benediktinische Regeln zum Menschenrecht auf Faulheit mit einer Einleitung über zwei Helden der Wachsamkeit" eine erfrischende Perspektive an[1].

Es ist ein sehr menschliches Bestreben, im Leben zu versuchen, alle Unsicherheitsfaktoren und alles Unplanbare auszuschalten, denken Sie nur an das Leitbild „richtiger Menschen". Dabei schläfert uns Menschen nichts mehr ein, als immer das Gleiche zu denken, erleben und betrachten zu müssen. Benedikt von Nursia setzte daher auf das Element des Unterbrechens. Er forderte von seinen Brüdern einen leidenschaftlichen Entwicklungsrhythmus, der die Wachsamkeit förderte und damit die Erarbeitung der wesentlichen Inhalte des Mönchseins. Es sei aber dem Schaffen sehr förderlich, sein Tun ab und an zu unterbrechen, das Gewohnte zu unterbrechen. Wichtig sei die Abwechslung, so Benedikt. Die Muße sei eine Möglichkeit der Unterbrechung und diene insbesondere dazu, Wachsamkeit zu garantieren, so seine Begründung. Etwas anders sah dies Aristoteles, der Propagandist der Muße. Aristoteles sah in der Muße eine unerlässliche Bedingung für die Fähigkeit, kreativ-schöpferisch zu denken. Es wird über ihn erzählt, er sei ein Kurzzeitschläfer gewesen. Um nicht zu lange zu schlafen, hatte er eine Eisenkugel in der Hand, die in eine Schüssel fiel, sobald sich die Körperspannung im Schlafzustand löste. Der Schall weckte ihn wieder und Aristoteles fühlte sich ausreichend erholt, um seine Arbeit fortzusetzen. Wie Benedikt von Nursia erkannte er die Bedeutung einer Unterbrechung, eine Zäsur im Gewohnten.

Jürgen Werner greift das Motiv der Unterbrechung auf und erkennt in der Kunst, sich wirkungsvoll unterbrechen zu lassen, eine notwendige Voraussetzung für Innovationen: „Nur der von Alltagspflichten weitgehend befreite Mensch sei bereit, sich mit kreativen Fragen gewinnend zu beschäftigen und somit Neues auf die Welt zu bringen", so Werner. Und „nichts verhindere Innovationen so nachhaltig und leichtfertig, wie der häufige

---

[1] Zu den folgenden Ausführungen vgl. Werner (1997, S. 209–225).

Hinweis auf Effektivität und das stringente Bemühen, sich möglichst wenig irritieren zu lassen" (Werner 1997, S. 212).

Wie kommt nun das Neue auf die Welt? Seine sieben Thesen sollen hier vorgestellt werden:

1. Unterbrechungen stören. Tun sie das wirklich? Das Neue kommt dort auf die Welt, wo Spannungen es herausfordern. Kreativität ist stets das Resultat einer Provokation des Gewohnten, das Ergebnis einer gelungenen Störung.
2. Es gilt, die Fähigkeit der Geduld zu loben: Das Neue kommt da auf die Welt, wo ihm Zeit gelassen wird. Kreativität ist stets eine Kompensation von Langeweile.
3. Das Neue benötigt Freiraum. Es kommt dort auf die Welt, wo ihm Räume zur Verfügung gestellt werden. Kreativität ist immer eine Folge gesteigerter Präsenz und kann sich ausdehnen, wenn Plätze dafür geschaffen werden.
4. Neues möchte ungelöste Probleme beantworten und Antworten geben auf bisher ungedachte Fragen. Das Neue kommt auf die Welt, wo es Menschen gestattet ist, nicht auf alles Drängende Antwort geben zu müssen. Kreativität gedeiht am besten im Fragenschutzgebiet.
5. Feste Zeit- und Raumgewohnheiten sind zu vermeiden. Zu enge organisatorische Rahmenbedingungen verhindern Innovationen. Das Neue kommt auf die Welt, wo Orientierungen fragwürdig werden. Kreativität ist ein Akt der Umwertung alter Werte.
6. Es ist immer leichter, an einem Problem zu arbeiten. Schwieriger ist es, das Problem zu finden. Das Neue kommt da auf die Welt, wo Menschen frei assoziieren können. Kreativität ist stets auch eine Geduldsprobe.
7. Neues zu entdecken und hervorzubringen, ist ein Kampf. Es gilt, Widerstände zu überwinden und das Niveau der Innovation hochzuhalten. Das Neue kommt zwar auf die Welt, wo man es erwartet, aber selten, wie man es erwartet. Das Neue muss stark genug sein, sich zu behaupten und durchzusetzen, auch in einer überaschenden Form.

These 2 kommt uns bekannt vor: Kreativität ist stets eine Kompensation von Langeweile. Wer sich nie langweilt, bringt also nie etwas Neues hervor.

Jam Session meets Bach-Kantate

Es lohnt sich, über obige Thesen nachzudenken. These 5 verweist darauf, dass feste Gewohnheiten und ein enger Organisationsrahmen innovationsschädlich seien. Diese Ansicht vertritt auch der Innovationsexperte John Kao[2]. Der Berater und Autor beschreibt das Managerbild als eine Person, die Träger von Unternehmensentscheidungen ist und deren Aufgabe im Unternehmen es ist, Klarheit zu schaffen und manchmal auch Chaos zu entwirren. Kurzum, die Dinge zum Abschluss zu bringen. Was wäre aber, so Kao, wenn es ein Erfolgsfaktor in einer heutigen, komplexen und oftmals auch unübersichtlichen Welt wäre, die Fähigkeit zu besitzen, sich genau auf diese unklaren und uneindeutigen

---

[2] Zu den folgenden Ausführungen vgl. Kao (1997, S. 319–330).

Situationen einzulassen und in diesen zu bestehen? Was wäre, wenn die eigentliche Aufgabe für einen Manager wäre, Neues hervorzubringen, indem er neugierig ist auf neue Phänomene und die intellektuelle Vielfalt im Unternehmen fördert? Was wäre, wenn ein Manager ein Agent der Unordnung wäre? Jemand, der Chaos in das Unternehmen bringt, damit es nicht in den bürokratischen Fesseln erstickt? Hierzu gibt es nur zwei Betrachtungsweisen: Entweder Sie schlagen die Hände über den Kopf zusammen oder Sie sind begeistert.

Ein schönes Bild, wie Kreativität in Unternehmen entstehen kann, liefert Kao aus der Welt der Musik. Wenn Sie musizieren möchten, gibt es hierfür zwei grundlegende Arten: Sie können sich in einem Musikgeschäft Noten besorgen und die Stücke nachspielen. Sie spielen beispielsweise Mozart so nach, wie er es sich damals ausgedacht und gewollt hat. Oder Sie verzichten auf Vorgegebenes, kaufen keine Noten und improvisieren. Bei klassischer Musik ist dies nur bedingt üblich, beim Jazz beispielsweise schon, beim sogenannten Jamming. Improvisierte Musik lässt sich nicht von Notenblättern vorgeben, wie sie zu klingen hat. Jamming verläuft in bestimmten Bahnen, es gibt zwischen den Akteuren eine stillschweigende Übereinkunft über die grobe Richtung. Jam Sessions sind immer neu, in jeder Zusammenkunft der Musiker entsteht etwas Neues. Die Musiker bewegen sich innerhalb eines formalen Rahmens, und in diesem Rahmen herrscht die Freiheit der Improvisation, des Probierens, der Kreativität. Formales und Improvisiertes sind ständig miteinander im Dialog und in einem Spannungsverhältnis: So entsteht Neues.

Was heißt die Jazz-Metapher für Unternehmen? Schaffen Sie ein zu enges Planungswesen ab, so wie Jack Welch es bei General Electric getan hat. Misstrauen Sie „Firmenmusik nach Noten" und kreieren Sie Ihre eigene Hymne. Jazzmusiker möchten immer etwas Neues spielen. Bringen Sie daher Ihre Mitarbeiter zum „jammen". Jazzmusiker spielen ihre Stücke immer in einer anderen Notenabfolge, sie suchen Neues: Ermutigen Sie also Ihre Mitarbeiter dazu, Bekanntes zu verlassen und Neues auszuprobieren. Um Neues zu entdecken, suchen Jazzmusiker einen isolierten, abgeschirmten Raum auf: Schaffen Sie also für Ihre Mitarbeiter Orte, an denen sie frei und vorurteilsfrei miteinander arbeiten können. Glauben Sie an die Fähigkeiten Ihrer Mitarbeiter! Und last but not least: Werfen Sie einen Großteil Ihrer Notensammlung über Bord!

Aus der Welt der Kunst gibt es aber ebenso Beispiele, wonach kreatives Schaffen auch unter „ordentlichen" Rahmenbedingungen entstehen kann: So unterschrieb Johann Sebastian Bach bei der Stadt Leipzig einen Vertrag, der ihn verpflichtete, jeden Sonntag eine Kantate zur Aufführung zu bringen. Es musste nicht unbedingt immer eine eigene sein, aber die Verpflichtung veranlasste Bach dazu, während seiner Leipziger Zeit 300 Kantaten zu komponieren. Und Friedrich Schiller zeichnete eine Kreditfinanzierung bei seiner Bank, die ihn verpflichtete, über mehrere Jahre jeweils eine Tragödie zu schreiben, um die Rückzahlungen zu leisten. Er hielt sich an diese Verpflichtung (Vgl. Leininger 1997, S. 154). Auch innerhalb eines engen Spielfelds kann demnach, in Einzelfällen zumindest, Neues entstehen

Literatur

Kao, J.: Die Vorzüge der betrieblichen „Unordnung". In: von Pierer, H., von Oetinger, B. (Hrsg.) Wie kommt das Neue in die Welt? S. 319–330. Carl Hanser Verlag, München (1997)

Leininger, B.: Mehr Unordnung im Unternehmen. In: von Pierer, H., von Oetinger, B. (Hrsg.) Wie kommt das Neue in die Welt? S. 154. Carl Hanser Verlag, München (1997)

Werner, J.: Ora et Labora. Sieben nicht-benediktinische Regeln zum Menschenrecht auf Faulheit mit einer Einleitung über zwei Helden der Wachsamkeit. In: von Pierer, H., von Oetinger, B. (Hrsg.) Wie kommt das Neue in die Welt? S. 209–225. Carl Hanser Verlag, München (1997)

Das Abenteurer-Gen

7

> *Wer Informationen teilt, hat Macht. Teilt alles mit allen. Je*
> *wertvoller eure Informationen sind, desto besser. Wer etwas teilt,*
> *baut ein Netzwerk auf. Ein Netzwerk führt zu Zusammenarbeit,*
> *Zusammenarbeit führt zu Kreativität und Innovation – und die*
> *verändern die Welt.*
> *Marissa Mayer, CEO Yahoo!*

Wie groß ist der Einfluss der Gründer- bzw. Unternehmerpersönlichkeit auf die Innovationsfähigkeit eines Unternehmens? Der Harvard-Professor Clayton Christensen ist dieser Fragestellung nachgegangen. Spannend sind die Erkenntnisse, die Christensen und sein Team als „Innovatoren-DNS" bezeichnen (Dyer et al. 2010, S. 57–65). Ihre Leitfrage war: Was unterscheidet das Denken von visionären Unternehmerpersönlichkeiten wie Steve Jobs von Apple, Jeff Bezos von Amazon, Larry Page und Sergey Brin von Google, Pierre Omidyar von Ebay oder A.G. Lafley von Procter & Gamble von jemandem, der Franchisenehmer ist bei McDonald's und damit ebenfalls Unternehmer? In der Studie wurden über einen Verlauf von sechs Jahren die Gewohnheiten von 25 Unternehmern studiert sowie weit über 3000 Führungskräfte und 500 weitere Personen untersucht, die innovative Unternehmen gegründet oder neue Produkte entwickelt haben. Erstaunlicherweise sahen es in den meisten Unternehmen die Top-Manager nicht als ihre Aufgabe, strategische Innovationen zu entwickeln. Vielmehr sahen sie ihre Funktion darin, Innovationsprozesse zu erleichtern. Ganz anders die leitenden Manager der innovativsten Unternehmen, die im Übrigen lediglich 15 % der in der Studie untersuchten Unternehmen ausmachten: Sie leiten nicht zur kreativen Arbeit an, bereiten Prozesse vor und übertragen anderen die Arbeit – sie sind selber kreativ!

Gibt es demnach so etwas wie ein spezifisches Mindset, das bei Innovatoren anzutreffen ist? Gibt es Handlungsmuster, die für innovative Unternehmer typisch sind – und die es ihnen ermöglichen, bahnbrechende Ideen umzusetzen?

© Springer Fachmedien Wiesbaden 2015
A. Schutkin, *Das Geheimnis des Neuen: Wie Innovationen entstehen,*
DOI 10.1007/978-3-658-07640-5_7

Christensen und sein Team kamen zu dem Ergebnis, dass innovative Unternehmen etwas besitzen, das man „kreative Intelligenz" nennt. Ich nenne es hier „Abenteurerqualität". Diese Qualität befähigt manche Menschen zu besonderen Entdeckungen. Ich habe die fünf von Christensen und seinem Team benannten Fähigkeiten um fünf zusätzliche Fähigkeiten erweitert. Diese Aufzählung soll nicht als abschließend angesehen werden. Sie ist vielmehr der Versuch einer Annäherung an die Gedankenwelt einzelner Abenteurer.

Qualität 1: Abenteurer verknüpfen
Verknüpfen meint die Fähigkeit, Ideen, Probleme und Fragen unterschiedlichster Art, die anscheinend in keiner Beziehung zueinander stehen, erfolgreich miteinander zu verbinden. Anschaulich erklärt wird diese Fähigkeit anhand des sogenannten „Medici-Effekts". Die Familie Medici hat Menschen aus einem breiten Spektrum von Bereichen zusammengebracht – Wissenschaftler, Schriftsteller, Philosophen, Maler, Architekten, Schiffsbauer. Das Zusammentreffen dieser Einzelpersönlichkeiten setzte damals kreatives Potenzial frei, und es sprossen an den Schnittstellen ihrer jeweiligen Spezialisierung neue Ideen, die letztlich die Renaissance begründeten, eine der erfindungsreichsten Epochen der Geschichte.

Die weltweit innovativsten Unternehmen entwickeln sich, indem sie Vorteile aus den divergierenden Verknüpfungen ihrer Gründer, Führungskräfte und Mitarbeiter schlagen. Durch neue Verknüpfungen können neue Ideen entstehen. Steve Jobs merkte häufig an: „Kreativität bedeutet, Dinge miteinander zu verbinden." Er erforschte sein Leben lang Dinge, die ursprünglich nichts miteinander zu tun hatten, wie die Kunst der Kalligrafie, Meditationspraktiken in einem indischen Ashram und die Details eines Mercedes-Benz.

Das Vernetzen unterschiedlicher Erfahrungen, von unterschiedlichstem Wissen und mit Menschen unterschiedlichster Herkunft ermöglicht Abenteurern neue Perspektiven und neues, kreatives Potenzial.

Qualität 2: Abenteurer hinterfragen
Über die Vorzüge, ein Fahrrad zu zerlegen, ist in diesem Buch schon berichtet worden. Abenteurer zerlegen Fahrräder, weil sie wissen wollen, was dahintersteckt. Abenteurer stellen sich permanent Fragen, und häufig geht die Beschäftigung mit der Fragestellung einher mit einem kreativen Denk- und Lösungsprozess. Michael Dell fragte sich beispielsweise, weshalb ein Laptop das Fünffache der Summe seiner Einzelteile kostete. Er stellte dies fest, weil er den Computer auseinandernahm. Indem er das tat und über der Frage brütete, entdeckte Dell sein revolutionäres Geschäftsmodell.

Routiniers beschränken sich darauf, den Status quo verbessern zu wollen. Abenteurer neigen dazu, die bestehenden Annahmen in Frage zu stellen. Marc Benioff ist der Gründer von Salesforce.com, einem Anbieter von Online-Verkaufssoftware. Benioff fragte sich: „Wieso aktualisieren und laden wir Software immer noch genauso, wie wir es immer getan haben, wenn wir es jetzt doch über das Internet tun könnten?" Die Beschäftigung mit dieser Frage leitete die Geburt von Salesforce.com ein. Kreative und innovative Abenteurer lieben die Provokation und stellen den Status quo permanent in Frage. Unternehmer zu sein, ist kein Zustand, sondern eine Bewegung. Neues ist spannend, aufregend und die

Beschäftigung mit Neuem ist eine Energiequelle. Abenteurer lieben es, Sachverhalte auf den Kopf zu stellen. Durch die Fragestellung „Was wäre, wenn wir im kommenden Jahr unsere Kunden mit den bestehenden Produkten nicht mehr beliefern könnten, wie würden wir dann weiterhin Geld verdienen?" kann es gelingen, neue Kunden und neue Märkte zu entdecken, über die das Unternehmen – unter normalen Umständen, also in der Routine-arbeit – niemals nachgedacht hätte.

Einstein war 14 oder 15 Jahre alt und fragte sich: „Wie würde die Welt wohl aussehen, wenn ich mich auf einen Lichtstrahl setzte?" Das war der Anfang der Relativitätstheorie (Vgl. Pierer und Oetinger 1997, S. 192).[1]

Abenteurer erhalten sich eine fast kindliche Naivität, wenn sie „Warum?" und „Warum nicht?" fragen. Genau diese Fragen sind der Ausgangspunkt, Neues in Angriff zu nehmen.

Qualität 3: Abenteurer beobachten
Abenteurer haben meist ein anderes Verständnis von Marktforschung. Studien von Markt-forschungsinstituten mögen im Einzelfall dienlich sein. Abenteurer suchen nach Ver-haltensdetails und versuchen, auf diesem Wege Einsichten und Erkenntnisse über neue Lösungen für Aufgabenstellungen zu finden. Sie nehmen sich bewusst Zeit, um Kunden dabei zu beobachten, wie sie in ihrer gewohnten Umgebung Produkte und Dienstleistun-gen nutzen. Ratan Tata beobachtete, wie sich eine vierköpfige Familie in Indien abmühte, sich auf einem einzigen Motorroller zu halten. Diese Beobachtung inspirierte ihn dazu, billige Autos zu bauen, die sich diese Familien leisten konnten. Im Jahre 2009 brachte er den Nano heraus, einen Wagen, der nur US$ 2500 kostet. Er kam auf diese Idee, weil er die Welt durch eine andere Brille sah.

Ein guter Freund von mir ist ein leidenschaftlicher Eishockeyspieler. In der Umklei-dekabine hörte er, wie sich seine Mannschaftskameraden häufig unzufrieden über die Tri-kots äußerten und wie auch die Sponsoren die eingeschränkten optischen Gestaltungsmög-lichkeiten kritisierten: Werbeträger mussten in einem weiteren Arbeitsschritt aufgedruckt werden und die Auswahl an Trikotgrundformen war eingeschränkt. Diese Beobachtung ermutigte ihn zur Gründung einer eigenen Trikotfirma, bei der Teams ihr Wunschtrikot selber im Internet zusammenstellen können und bei der es auch für Sponsoren keinerlei Beschränkungen gibt (www.owayo.com).

Der legendäre Virgin-Gründer Richard Branson hat immer einen Notizblock dabei und schreibt sich Beobachtungen auf, egal wo er gerade auf der Welt ist. Und von Red Bull-Gründer Dietrich Mateschitz ist überliefert, dass er die Inspiration zu seiner Geschäftsidee einer Beobachtung in der Zeitschrift „Newsweek" verdankt: In der Zeitung waren die größten Steuerzahler Japans aufgelistet. Unter ihnen ein Unternehmen, das ein Aufputsch-mittel herstellt. Also brachte er auch eines auf den Markt.

Qualität 4: Abenteurer experimentieren
Von Thomas Edison ist folgender Ausspruch überliefert: „Ich bin nicht gescheitert, ich habe einfach nur 10.000 Möglichkeiten gefunden, die nicht funktionieren." Abenteurer

---

[1] Vgl. Harry Mulisch im Gespräch mit Peter Saalbach, Man muß ablernen.

sehen die Welt als Labor. Als ein Füllhorn an Möglichkeiten, die es auszuprobieren gilt, und als eine Welt, in der Scheitern nicht als Niederlage angesehen wird. Die Niederlage ist, den Status quo zu erhalten und darin zu verweilen.

Der Amazongründer Jeff Bezos begreift das dauernde Experimentieren als Grundlage für Innovationen, für Neues: „Ich fordere meine Mitarbeiter auf, zu experimentieren und Sackgassen nicht zu scheuen. Wenn es uns gelingt, zahlreiche Experimente durchzuführen, werden wir mehr Informationen bekommen".

In der Markenführung setzt Red Bull auf Events und auf Sportsponsoring. Neben Extremsportlern wie dem Rekordspringer Felix Baumgartner engagiert sich Red Bull mittlerweile auch im Teamsport. Der Erfolg in der Formel 1 kam nach Jahren des Probierens und Änderns. Nun sind Eishockey und besonders Fußball an der Reihe. Der Weg führt dabei stets über Trial and Error.

Qualität 5: Abenteurer vernetzen

Routiniers vernetzen sich in erster Linie mit Personen, die ihnen auf dem weiteren Karriereweg hilfreich sein können. Dabei suchen sie eher nach solchen Menschen, die ihnen gegenüber eine hohe Gleichartigkeit aufweisen – in puncto Einstellungen, sozialer Zugehörigkeit (die darf gerne auch höher sein als der eigene Status), Lebenslage sowie Branche und Tätigkeit. Im Gegensatz dazu vernetzen sich Abenteurer auch gerne mit Menschen mit völlig anderen Berufen, Lebenslagen und Haltungen. Sie sehen Unterschiedlichkeit als eine Bereicherung, die einen anderen Blick auf die Welt ermöglicht und eigenes Wissen erweitern kann. Abenteurer besuchen Konferenzen mit einem möglichst breiten Ansatz und suchen Inspirationen gleichermaßen bei Unternehmern, Politikern, Künstlern, Wissenschaftlern und Denkern anderer Disziplinen als der eigenen. Oft ist es der Blick über den Tellerrand der eigenen Branche und des eigenen Fachgebiets hinaus, der eine Idee voranbringt. Der Gründer von Research In Motion (RIM), Michael Lazaridis, verriet, dass ihm seine Idee für den ursprünglichen Blackberry bei einer Konferenz kam, als ein Referent von Coca-Cola beschrieb, wie bei Coke ein Datenübertragungssystem für Verkaufsautomaten installiert worden war.

Sergey Brin stellte fest, dass wichtige Städte meist mit anderen wichtigen Städten über Flugrouten verbunden waren. Das übertrug er auch auf den Algorithmus für das Google-Pageranking. Wichtige Seiten waren mit anderen wichtigen Seiten verknüpft (Vgl. Levy (2012)).

In den 1970er Jahren gründete Xerox mit PARC eine interne Denkfabrik. Xerox stellte intelligente Entwickler ein und ließ ihnen alle Freiheiten. Die Folge waren Erfindungen wie am Fließband, unter anderen entstand der erste Laserdrucker. Das Team erfand auch das Ethernet, das noch heute Computer miteinander verbindet. Die grafischen Benutzeroberflächen mit Fenstern, Checkboxen, Auswahlbuttons und Menus waren zwar nicht neu, wurden bei PARC aber nutzbar gemacht. Es entstand mit dem „Alto" ein Bürocomputer mit Desktop, Monitor, Harddisk und später noch mit einer Maus. Als Steve Jobs mit seinem Team Xerox PARC besuchte und den „Alto" sah, war im sofort klar, dass alle Computer einmal so arbeiten würden. Leider erkannte das Xerox-Management das Potenzial dieser Innovation nicht. Steve Jobs war in seiner Betrachtungsweise offen und weniger eingeschränkt. Xerox ging es vorrangig um die Verbesserung des bestehenden Sortiments. Xerox hatte in der Folgezeit auch wenig von der ersten Erfolgen im Computerbereich, Apple hingegen brachte 1984 den ersten „Macintosh" auf den Markt, den ersten Computer mit optischer Maus und Benutzeroberfläche für den Massenmarkt.

Abenteurer suchen Inspirationen auch außerhalb der naheliegenden Lösungen. Eine hohe Varianz zwischen der eigenen beruflichen sowie privaten Prägung und Austauschpartnern finden sie spannend und bereichernd. Andersartigkeit wird als Chance zum Wachsen gesehen, und die Erfahrungen und Ansichten von Menschen in anderen Branchen und mit divergierenden Haltungen versprechen Frische und einen erweiterten Blickwinkel auf die Welt. Und damit eine Quelle für neue, spannende Ideen.

Qualität 6: Abenteurer „ticken nicht richtig"

Ich hätte auch die Überschrift wählen können, dass Abenteurer zumeist glänzende Verkäufer sind. Allerdings gibt es viele Abenteurer, die eher introvertiert und zurückgenommen durchs Leben gehen, aber häufig über spezifische und prägende Persönlichkeitsmerkmale verfügen.

Daher: Abenteurer „ticken nicht richtig". Das heißt, sie folgen nicht den Denkstrukturen richtiger Menschen. Ich möchte nicht den Eindruck erwecken, dass dies eine notwendige Voraussetzung für Unternehmenserfolg sei. Aber es kann manchmal durchaus hilfreich sein. Michael Jeffries ist der Gründer des Modelabels Abercrombie & Fitch. In seinen Läden wird man von gutaussehenden und leichtbekleideten Verkäuferinnen bedient, nachdem man von den Türstehern mit nackten Oberkörpern in den Konsumtempel hineingelassen wurde. Anstehen und warten ist Teil des Unternehmenskonzepts, Körperkult ebenso. Die Mitarbeiter haben einem strengen Dresscode zu folgen und sich täglich mit dem Firmenparfum einsprühen zu lassen. Das alles klingt nicht so, als eigne sich Abercrombie & Fitch für einen Eintrag in einem Lehrbuch für Unternehmensführung, sieht man einmal von dem Marketingprinzip der künstlichen Verknappung ab. Aber vielleicht liegt genau darin, dass es eben völlig absurd anmutet, die eigentliche Stärke.

Aber Menschen kaufen ja bei Red Bull auch Flügel in Dosen und campieren tagelang im Freien, um danach zu den Ersten zu gehören, die für mehrere Hundert US-Dollar ein iPhone kaufen dürfen. Und ich habe bereits in Indonesien einen Kaffee getrunken, dessen Kaffeebohnen von einer Wildkatze recycelt wurden – auch eine ganz schräge Nummer.

Qualität 7: Abenteurer sind ihrer Überzeugung treu

Abenteurer sind von dem, was sie tun und wie sie es tun, von ganzem Herzen überzeugt. Das heißt nicht, dass sie keine weiteren Meinungen zulassen, den eigenen Standpunkt nicht überdenken und bei Bedarf auch anpassen. Aber sie sparen sich und dem Team viel Energie, indem sie an ihren Überzeugungen festhalten. Sie geben dem Team eine Richtung vor und schaffen Orientierung. Sie haben einen klaren Standpunkt: „Sag nein zu 1000 Dingen", lautet ein bekanntes Zitat von Steve Jobs. Abenteurer bleiben ihrer Überzeugung treu.

Der britische Designer, Erfinder und Unternehmer James Dyson war so überzeugt von seiner Vorstellung eines beutellosen Staubsaugers, dass er sich auch von über 5000 Fehlversuchen nicht davon abbringen ließ und nach fünfzehn Jahren Entwicklung im Jahre 1993 seinen beutellosen Staubsauger auf den Markt brachte, der seine Firma zu einem Marktführer machte.

Überzeugungskraft setzt Energie und Ausdauer frei. Oder mit Goethe gesagt: „Es ist nicht genug zu wissen, man muss es auch anwenden; es ist nicht genug zu wollen, man muss es auch tun."

Qualität 8: Abenteurer sind veränderungssüchtig

Die meisten Menschen mögen Veränderungen nicht so sehr. Sie möchten bewahren und gerne in ihrem gewohnten Umfeld mit gewohnten Abläufen arbeiten und leben. Abenteurer sind dagegen süchtig nach Veränderung. Sie ziehen einen Großteil ihres Antriebs und ihrer Energie aus der Vorstellung, den Status quo verändern zu können. Auf ihrem Weg gehen sie regelmäßig Risiken ein, um Veränderungen durchzusetzen. Apple-Gründer Steve Jobs wollte der Welt einen Stempel aufdrücken, Skype-Mitbegründer Niklas Zennström möchte die Verhältnisse auf den Kopf stellen mit dem Ziel, die Welt besser zu machen (Dyer et al. (2010, S. 64)). Die beiden Aussagen mögen großspurig anmuten – zentrale Aussage ist der Drang zur Veränderung, die Nichtakzeptanz des Status quo. Es geht darum, aufzubrechen, um die scheinbar unverrückbaren Annahmen des Status quo zu widerlegen, Akzeptiertes und Routinen aufzubrechen – immer auf der Suche nach dem nächsten Neuen!

Qualität 9: Abenteurer tauschen sich aus

Teilen gilt als neuer Trend und die „Shareeconomy" als Wachstumsfeld. Teilen wirkt selbstlos und gilt als hip. In seinem Bestseller „Wenn Ideen Sex haben" sucht Matt Ridley in einem Kapitel nach dem entscheidenden Katalysator für Neues. Für ihn ist des Rätsels Lösung: der Austausch. Es ist der ständig zunehmende Austausch von Ideen, der in der modernen Welt Neues hervorbringt. Innovatoren sind also in erster Linie Menschen, die das Geschäft des Austausches verstehen. Es ist ihre allerwichtigste Eigenschaft, denn wenn sie Neues nicht teilen, nützt es weder ihnen selbst noch jemand anderem. Neues Wissen kann man weitergeben und trotzdem behalten. Der Ökonom Paul Romer beschreibt Fortschritt derart, dass man Rezepte zur Neuordnung von Atomen sammelt, durch die Neues entstehen kann. Neue Technologien können dadurch entstehen, dass man bereits existierende Technologien zu etwas Neuem vereint, das größer ist als die Summe seiner Teile. Henry Ford gab einmal offen zu, dass er im Grunde nicht Neues erfunden habe. Er habe nur die Entdeckungen anderer Männer zu einem Automobil zusammengefügt. Die eigentliche Übung ist also, am Austausch teilzuhaben und zu kombinieren. Ein Innovator begegnet einem anderen Innovator und paart sich mit ihm (Vgl. Ridley (2011)). Ridleys romantischer Paarungs- und Kombinationsgedanke ist sehr nahe an der bereits beschriebenen Verknüpfungsqualität. Der Kreis schließt sich.

Qualität 10: Abenteurer sind risikofreudig

Abenteurer sind keine Hasardeure. Aber sie akzeptieren, dass es in der Regel keine Chancen ohne entsprechende Risiken gibt. Sie wählen Positionen mit höherem Risiko, weil sie zumeist damit auch Positionen wählen mit höheren Chancen. Beides gehört zusammen. Wenn also in Unternehmen zu wenige Fehler gemacht werden, kann es daran liegen, dass die Qualität von Entscheidungen außerordentlich hoch ist. Oder es liegt daran, dass bereits im Vorfeld Alternativen mit gleichsam hohen Chancen und Risiken systematisch aussortiert wurden, was der wahrscheinlichere Fall ist. Der Weg zum Erfolg, zur Erneuerung führt dabei nur über die Akzeptanz von Risiken und von Fehlern. Elon Musk, Mitgründer von PayPal und Tesla, fasst es wie folgt zusammen: „Wenn Dinge nicht scheitern, ist man nicht innovativ genug."

Die Darstellung in Abb. 7.1 erhebt keinen Anspruch auf Vollständigkeit. Sie ist als Inspiration zu verstehen, als Anregung, das eigene Unternehmen zu hinterfragen und einen mutigen und neugierigen Weg einzuschlagen.

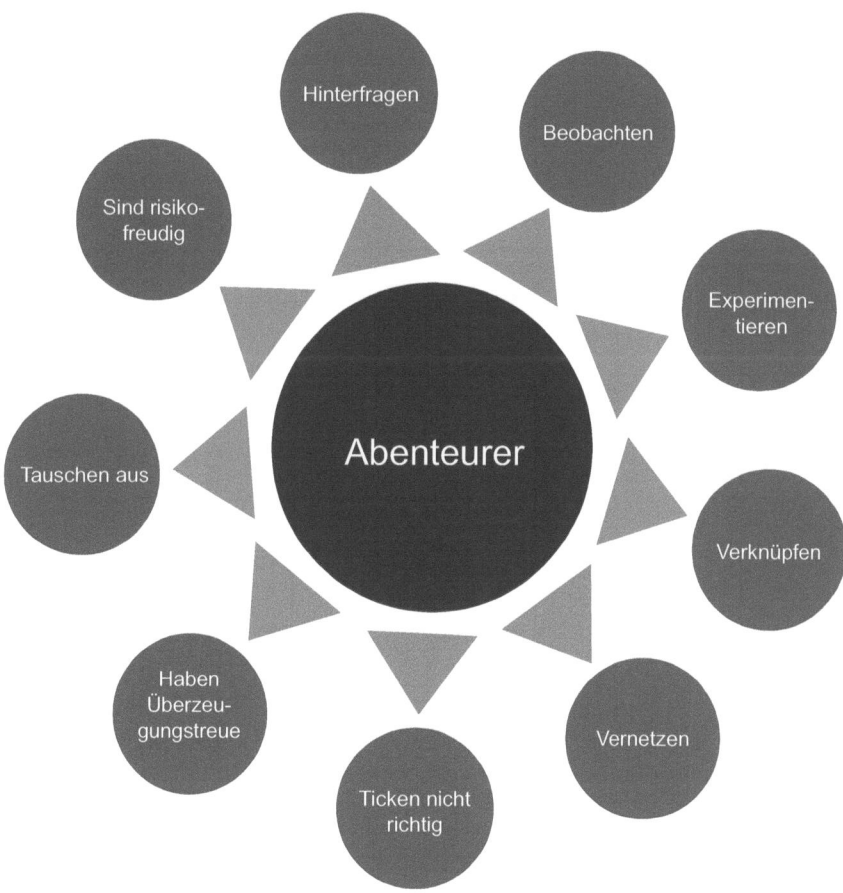

Abb. 7.1 Das Abenteurer-Gen

Auch die kulturelle Prägung spielt eine wesentliche Rolle. Der Präsident der Hongkong University of Science, Tony F. Chan, hält das starke Traditionsbewusstsein und den Respekt vor den Älteren für eine Stärke der asiatischen Gesellschaft und gleichzeitig für das entscheidende Hindernis, dass ein asiatischer Steve Jobs oder Bill Gates aus dieser Gesellschaft hervorgeht. Jack Ma, der Gründer des chinesischen Internetunternehmens Alibaba, hat das anscheinend nicht gewusst und sein Märchen aus 1001 Nacht zum größten Börsengang der Geschichte gemacht. Ein bisschen Widerspruchsgeist ist manchmal sehr hilfreich.[2] In jedem Abenteurer steckt immer ein kleiner Rebell!

Literatur

Dyer J., Gregersen H., Christensen C. M.: Die Innovatoren-DNS, Harvard Business Manager, S. 57–65 (Februar 2010)

Levy, S.: Google inside. Wie Google denkt, arbeitet und unser Leben verändert, Heidelberg, S. 30 (2012)

von Pierer, H., von Oetinger, B. (Hrsg.) Wie kommt das Neue in die Welt? S. 192. München (1997)

Ridley, M.: Wenn Ideen Sex haben. Wie Fortschritt entsteht und Wohlstand vermehrt wird, S. 353–359. München (2011)

---

[2] Vgl. Die Zeit, No. 48/2012, S. 95

Die Macht der Gewohnheit

8

*Es ist nicht das Unbekannte, vor dem wir Angst haben müssen,
es ist das Bekannte, das wir fürchten sollten. Das Bekannte, das
sind die rigiden Muster unserer vergangenen Konditionierung. Sie
halten uns in den gleichen rigiden Verhaltensmustern gefangen.*
Deepak Chopra

Haben Sie Kinder? Dann werden Sie sich erinnern, wie diese aus dem Kindergarten zum ersten Mal selbstgemalte Bilder mit nach Hause gebracht haben. Sie haben sich das Gekritzel angesehen, das Werk natürlich freudig gewürdigt und an Ihren Kühlschrank geklebt oder an Ihrer Pinnwand angebracht. Ihr Kind hat sich über Ihre Reaktion gefreut und diese zum Anlass genommen, in eine Gekritzel-Massenproduktion einzusteigen. Von nun an wurden Sie täglich und kistenweise mit neuen Werken beschenkt und versuchten, Ehrgeiz und Produktion des jungen Künstlers wieder zu drosseln. Zu spät! Dem Umgang mit Kindern, Tieren und Mitarbeitern ist gemein, dass diese ein Verhalten dann wiederholen, wenn sie dafür gelobt wurden. Bei allen drei Gruppen ist das natürlich ein probates Führungsmittel und in vielen Fällen ist eine Wiederholung auch gewollt. Über Lob kann man gut steuern und klar darstellen, welches Verhalten und welche Aktivitäten erwünscht sind und welche weniger. Bei der Verrichtung vieler Tätigkeiten sind Wiederholungen von Vorteil: Die Fehlerquote sinkt, Arbeiten werden schneller verrichtet, die Mitarbeiter kennen die Aufgabe genau und können Abläufe optimieren, alles bekommt Routine. Sicherlich kennen Sie die Konzepte der Lern- und Erfahrungskurve, die diese Vorzüge auch beschreiben. Routine ist daher per se etwas Positives. Jedenfalls solange diese Routinen nicht in Stein gemeißelt werden und sich zu etwas Festem, Unverrückbaren entwickeln. Das geht allerding schneller, als man denkt.

© Springer Fachmedien Wiesbaden 2015
A. Schutkin, *Das Geheimnis des Neuen: Wie Innovationen entstehen*,
DOI 10.1007/978-3-658-07640-5_8

8.1 Über Wellnessoasen

Die meisten Projekte, die in einem Unternehmen durchgeführt werden, haben eine relevante Veränderungskomponente. In meinen Projekten geht es meist darum, Neues im vertrieblichen Verhalten oder in den vertrieblichen Abläufen einzuführen. Das ist mitunter mühsam, weil ich häufig Komfortzonen aufbrechen muss und dies nicht immer dazu beiträgt, beliebt zu sein. Das meine ich gar nicht wertend, jeder Mensch hat seine Komfortzonen, und ich muss manchmal über mich selbst lachen, wenn ich mich über Neuerungen an meiner Hochschule mokiere, auch wenn diese sinnvoll sind. Es ist eben sehr menschlich, Gewohntes nicht gleich aufzugeben. Bei Kundenprojekten versuche ich daher meist, einen Eindruck von den Büroräumen zu bekommen. Viele Büroräume sehen dabei aus wie kleine Wohnzimmer und sind geschmückt mit Familienfotos, Pinnwänden mit Urlaubskarten und Schreibtischstühlen mit persönlichen Sitzkissen – teilweise handgehäkelt. Andere wiederum sind ob des grünen Daumens der „Besitzer" zu großartigen Gewächshäusern geworden. Verstehen Sie mich bitte nicht falsch: Natürlich sollen sich Mitarbeiter wohlfühlen und sich den Arbeitsplatz gerne nach persönlichen Vorlieben gestalten. Selbst innovative Unternehmen wie Google gewähren neuen Mitarbeitern einen Geldbetrag, um ihr Büro so einrichten zu können, wie sie es mögen. Zudem verbringen wir alle einen erheblichen Teil unserer Lebenszeit am Arbeitsplatz, weshalb wir uns dort unbedingt wohlfühlen müssen. Und ob es wirklich eine Errungenschaft ist, dass Mitarbeiter in vielen Büros gar keinen eigenen Schreibtisch mehr haben, sondern sich jeden Tag einen neuen Arbeitsplatz suchen müssen, muss erst noch belegt werden. Mir geht es um das, was ich hinter vorgehaltener Hand eine „Wellnessoase" nenne: Die Mitarbeiter haben sich in „ihrem" Büro eingerichtet und möchten nun bitte gerne in Ruhe ihre Routinetätigkeiten durchführen. Ich habe schon einmal überlegt, an solchen Büros das Schild „Do not disturb" anzubringen. Es ist das Signal, das wahrgenommen wird: Hier soll alles so bleiben, wie es ist. Für ein Projekt, das immer mit Veränderung einhergeht, ist das keine leichte Ausgangsposition.

Oben habe ich leichtfertig geschrieben, dass Routinen etwas Positives sind. Ich füge an: wenn diese die Entwicklung neuer Wege, Methoden und Konzepte nicht einschränken oder behindern. Oft werden auch die bestehenden Methoden beibehalten, weil diese für die Mitarbeiter am einfachsten sind. Nach einiger Zeit beherrschen die Mitarbeiter die bestehenden Methoden, Systeme und Abläufe und sie möchten gerne ihr Können innerhalb dieser Strukturen genießen. Das gilt für Mitarbeiter, aber auch für ganze Unternehmensteile. Mitarbeiter befürchten, in neuen Strukturen nicht mehr so gut abzuschneiden wie in den bisherigen. Die gelernten Kompetenzen sollen eingebracht werden können. Mitarbeiter und Unternehmen sind stolz auf spezifische Kompetenzen, mit denen sie in der Vergangenheit Erfolg hatten, und möchten diese beibehalten. James March (1994, S. 53) nennt dies eine Kompetenzfalle: Mitarbeiter und Unternehmensbereiche wiederholen die Methodiken und Abläufe beziehungsweise halten an Technologien und Systemen fest, mit denen sie in der Vergangenheit Erfolge feiern konnten und dafür gelobt wurden. Dies behindert die Einführung von Neuem.

8.2   Die Macht der Gewohnheit

Daneben spielen Gewohnheiten eine zentrale Rolle. Gewohnheiten sind fester Bestandteil unseres beruflichen und privaten Lebens: Wir stehen in der Früh auf, duschen, rasieren bzw. schminken uns und putzen die Zähne. Danach schalten wir die Kaffeemaschine ein, bereiten ein Frühstück zu, schmieren Pausenbrote. Wir fahren mit dem Auto oder den öffentlichen Verkehrsmitteln ins Büro. Dort angekommen, gehen wir in unser Büro und schalten einen PC ein und setzen die gewohnten Verhaltensweisen tagsüber fort. All das funktioniert ohne großes Mitdenken, unser Gehirn ist praktisch auf Autopilot gestellt und spult das Gewohnte ab. Der Sinn von Gewohnheiten ist, dass sich unser Hirn weniger anstrengen muss. Gewohnheiten schonen den Arbeitsspeicher unseres Hirns, unsere grauen Zellen können auf Standby-Modus gehen oder anderen Gedanken nachgehen. Ohne Automatismus von Gewohnheiten wäre unser Gehirn mit der Vielzahl an tagtäglichen Details überfrachtet. Unser Gehirn wird im Sinne eines kraftsparenden Verhaltens versuchen, aus möglichst vielen Routinen Gewohnheiten zu machen. Sind Gewohnheiten demnach der natürliche Feind des Neuen?

In seinem Buch „Die Macht der Gewohnheit" (Vgl. Duhigg 2012) hat sich der amerikanische Wissenschaftsautor Charles Duhigg ausführlich damit beschäftigt, wie Gewohnheiten entstehen und wie wir diese ändern können. Duhigg arbeitet mit dem Ansatz der Gewohnheitsschleife. Diese folgt einem dreistufigen Automatismus: einem Auslösereiz, einer Routine und einer Belohnung (Abb. 8.1).

Zunächst gibt es einen Auslösereiz, einen Auslöser, der das Gehirn auffordert, eine gewisse Gewohnheit abzurufen. Nun beginnt die Routine, die emotionaler, mentaler oder körperlicher Natur sein kann. Am Schluss folgt eine Belohnung, die dem Gehirn hilft, diese konkrete Schleife als Gewohnheit abzuspeichern und bei entsprechendem Auslösereiz automatisch wieder abzurufen.

Abb. 8.1 Die Gewohnheitsschleife, in Anlehnung an Charles Duhigg, Die Macht der Gewohnheit, S. 41

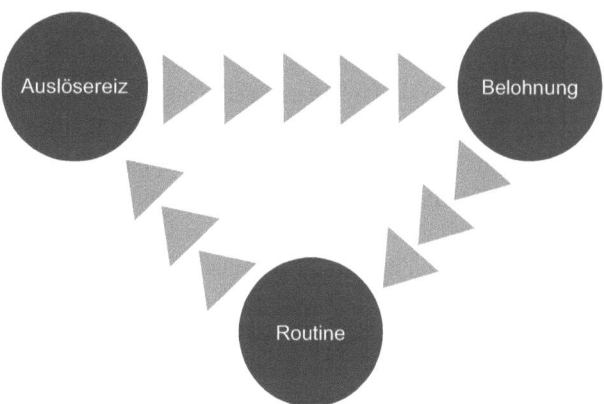

Diese Gewohnheitsschleifen haben vielerlei Vorteile, sie sind effizient, kraftschonend und manchmal ein echter Segen. Denken Sie zum Beispiel daran, wie Sie abends Ihre Kleinkinder zum Schlafen gebracht haben. Der Auslösereiz war beispielsweise das Ende des Abendessens, das Sandmännchen im Fernsehen oder der Eintritt der Dunkelheit. Nach diesem Auslösereiz lassen sich die Kinder meist leichter den Schlafanzug anziehen und die Zähne putzen, sie wissen ja, dass es als Belohnung noch eine Gutenachtgeschichte gibt. Das Ende des Abendessens kann für andere Familienmitglieder aber auch der Auslösereiz sein, den Rest des Abends vor dem Fernseher zu verbringen, wobei das Fernsehen wiederum ein Auslösereiz für „Nüsse essen" sein kann. Für wieder andere ist das Ende einer Mahlzeit der Auslösereiz für eine Zigarette oder einen Espresso. Unser Leben ist also voller Gewohnheiten, von gewollten und von ungewollten. Gewohnheiten sind regelmäßig ebenso sehr Fluch wie Segen.

Die Entdeckung von Gewohnheitsschleifen ist bedeutsam, weil sie zu einer wichtigen Erkenntnis führt: Sobald Gewohnheiten entstehen, hört das Gehirn auf, sich anzustrengen. Automatismen werden bevorzugt, weil sie effizienter sind. Das Muster entfaltet sich automatisch, sofern man nicht gezielt dagegen vorgeht oder die Routine ändert. Leider kann unser Gehirn nicht gut in „gute" und „schlechte" Gewohnheiten trennen. Jeder, der schon einmal seine Essgewohnheiten umstellen wollte, eine Diät absolviert hat oder mit dem Rauchen aufhören wollte, weiß davon zu berichten.

8.3   Belohnung macht süchtig

Im Marketing wird die Macht von Gewohnheitsschleifen natürlich bewusst genutzt. Die meisten Fastfood-Ketten haben eine standardisierte Restaurantgestaltung. Natürlich dient dies der Markenkommunikation, aber damit verbunden auch zur Auslösung eines Kaufreizes. Leidgeprüfte Eltern können ein Lied davon singen, wenn auf einer Urlaubsreise auf der Autobahn plötzlich irgendwo ein „goldenes M" auftaucht und die kleinen Lieben – oder sie selber – urplötzlich Appetit bekommen. Der Appetit kommt praktisch automatisch. Und durch die bewusste inhaltliche Zusammensetzung einzelner Speisen werden beim Essen Lustzentren im Gehirn aktiviert (= Belohnung), was das Gehirn darin bestärkt, das Muster abzuspeichern.

Gewohnheiten sind trotzdem kein Schicksal, sie können verändert oder ersetzt werden. Der Schlüssel zur Veränderung ist, die Gewohnheitsschleife in ihre Bestandteile zu zerlegen. Wenn Sie also bisher nach der Arbeit nach Hause gekommen sind, sich umgezogen haben und erst mal auf dem Sofa die Zeitung genossen haben, könnten Sie die Routine „Zeitung lesen" durch die neue, gewünschte Routine „Joggen" ersetzen. Nach dem Auslösereiz „Heimkommen und umziehen" könnten Sie statt Ihres Lieblingspullis gleich Ihr Sportoutfit überziehen und so eine neue, „gute" Routine etablieren. Viele Menschen schaffen es deshalb, täglich vor der Arbeit gegen sechs Uhr früh zu laufen, weil es Teil einer festverankerten Gewohnheitsschleife ist: Der Wecker klingelt (Auslösereiz), also rein in die Sportklamotten und laufen (Routine), um dann das sportliche Erfolgserlebnis, den Endorphinrausch und den ganzen Tag über ein gutes Gefühl zu haben (Belohnung).

Ein weiterer Effekt ist, dass das Verlangen nach einem Belohnungsgefühl zunimmt. Eine Belohnung macht praktisch süchtig. Dadurch verstärkt sie wiederum die Gewohnheit und garantiert die Wiederholung.

Ein probates Mittel zur Änderung von (schlechten) Gewohnheiten ist es demnach, den Auslösereiz zu erkennen, die ungewünschte Routine durch eine gewünschte Routine zu ersetzen und durch ein Belohnungssystem zu festigen. In der Praxis ist es mitunter leichter, ein Belohnungssystem zu installieren, als den Auslösereiz zu identifizieren. Bei der Zigarette nach dem Essen oder dem von Männern sehr geschätzten Feierabendbier ist der Auslösereiz sehr leicht zu benennen. Wenn es indessen darum geht, Gewohnheitsschleifen in ganzen Abteilungen zu korrigieren, sind die Zusammenhänge komplexer. Was sind die Auslösereize von ganzen Gruppen, und sind diese Auslösereize homogen? Im Mannschaftssport wird versucht, die Routinen zu wiederholen, die bereits zu Erfolgen geführt hat. Viele Einzelsportler und Mannschaften haben – als Auslösereiz – feste Rituale: Boxer haben feste „Einlauflieder", mit denen sie in den Ring steigen, viele Tennisspieler haben feste Abläufe beim Einschlagen und Fußballmannschaften hören in der Kabine vor dem Spiel noch ein Lied, mit dem sie beim letzten Mal gewonnen haben. Der blaue Pullover von Jogi Löw hat es als Glücksbringer während der letzten Europameisterschaft sogar in die internationale Presse geschafft. Ein blauer Pullover, angezogen mit dem Ziel, als Auslösereiz innerhalb des Teams die gewinnbringenden Routinen abzurufen.

Eine andere Möglichkeit ist, den bestehenden Auslösereiz zu isolieren, um so die Gewohnheitsschleife zu durchbrechen. Ein probates Mittel hierfür ist es beispielsweise, die Möbel in einem Büro umzustellen, Mitarbeiter in ein anderes Büro zu setzen oder das Büro umzuziehen. So sind Seminare und Besprechungen außerhalb der gewohnten Büroatmosphäre nicht nur gewinnbringend, weil die Mitarbeiter dort nicht gestört werden, sondern auch, weil sie mit geringerer Wahrscheinlichkeit in die gewohnten Routinen verfallen. Job-Rotation hat eine ähnliche Wirkung: Durch den Aufgaben- und Ortswechsel kann unser Gehirn nicht auf den effizienten Sparmodus umstellen. Die Mitarbeiter bleiben „wach" und Gewohnheitsschleifen haben geringere Chancen. Jede Form von Bewegung kann hilfreich sein, um Routinen zu durchbrechen. Auch kleinste Änderungen können zu Ergebnissen führen. Wenn Sie wöchentliche Jour-fixe-Meetings haben: Variieren Sie Tag, Uhrzeit sowie Besprechungsraum und mischen Sie die Sitzordnung durch. Probieren Sie es einmal aus! Eine weitere Möglichkeit ist, mit Belohnungen zu experimentieren. Wenn Sie beispielsweise in einer Entwicklungsmannschaft sowohl Erfolge als auch Misserfolge belohnen, wird dies dazu führen, dass sich Mitarbeiter mehr zutrauen, risikobereiter sind und insgesamt mehr Output liefern. Schnelle Erfolge, sogenannte „Quick-Wins", sind wahre Katalysatoren, wenn Sie etwas Neues einführen möchten. In Ihrem Veränderungsplan sollten Sie darauf achten, dass Sie schnelle, kleine Erfolge vorweisen können, die den eingeschlagenen Weg bestätigen und die Mitstreiter belohnen. Belohnungen machen süchtig. Nutzen Sie diesen Effekt!

Gewohnheitsschleifen machen es dem Neuen schwer, und natürlich lassen sich nicht alle Gewohnheiten ändern. Oft dauert es lange, bis Platz ist für Neues. Sobald wir aber wissen, wie Gewohnheiten funktionieren, und das System aus Auslöser, Routinen und Belohnung identifiziert haben, können wir beginnen, an den Einzelkomponenten zu experimentieren. Wir sind Gewohnheiten dann nicht mehr ausgeliefert und das Neue ist möglich.

Interessanterweise sind feste Routinen eine unentbehrliche Voraussetzung, damit sehr kreative Menschen ihre schöpferische Energie kanalisieren können. Currey Mason untersuchte die Tagesabläufe von 88 berühmten Schriftstellern, Komponisten, Malern, Filmemachern und anderen kreativen Berühmtheiten (Vgl. Mason 2013, S. 33–164). Diese hoch kreativen Menschen lebten zumeist nach einem sehr strengen Tagesplan, die festen Routinen lenkten dabei die geistige Energie in geregelte Bahnen, verhinderten Stimmungsschwankungen und machten dadurch kreatives Arbeiten erst möglich. Viele unter ihnen waren Morgenmenschen und bewältigten den Großteil ihres Arbeitspensums am Vormittag. Geregelte Mahlzeiten zu täglich gleicher Stunde gliederten zumeist den Tag und gaben ihm eine feste Struktur. Auch mehrstündige Spaziergänge am Nachmittag oder am Abend gehörten bei den meisten zur täglichen Gewohnheit. Alle Künstler bemühten sich um eine gute Balance zwischen ihrer kreativen Arbeit und ihrem familiären und sozialem Leben. Jean-Paul Sartre, der sich täglich gegen 13.30 Uhr mit seiner Gefährtin Simone de Beauvoir zum gemeinsamen Mittagessen traf, formulierte es so: „Man kann auch ohne allzu viel Arbeit produktiv sein. Drei Stunden am Vormittag, drei Stunden abends. Eine andere Regel habe ich nicht."

Auch Kurioses ist zu finden: Franz Kafka pflegte jeden Abend gegen 19.30 Uhr, für zehn Minuten zu turnen, am offenen Fenster und nackt. Jean Miró boxte regelmäßig von 12 bis 13 Uhr, und die Schriftstellerin Edith Sitwell legte sich gerne ein Weilchen in einen Sarg, bevor sie mit der Arbeit begann. Diese verrichtete sie anschließend am liebsten vom Bett aus, was sie mit Voltaire gemein hatte. „Start the day by working from bed", war auch die bevorzugte Morgenroutine von Winston Churchill.

Von Ludwig van Beethoven sind üppige Waschrituale überliefert: Um sich zu sammeln, wusch er sich in den Vormittagsstunden und übergoss sich in einer meditativen Stimmung mit großen Krügen voll Wasser – mitten in seiner Wohnstube. Da das Wasser in die unteren Wohnungen durchdrang, war er als Bewohner bei Hauseigentümern nicht sonderlich beliebt, was Beethoven allerdings nicht daran hinderte, an dieser Routine festzuhalten.

Literatur

Duhigg, C.: Die Macht der Gewohnheit. Warum wir tun was wir tun? Ich habe mich auf Inhalte der Seiten 33–164 konzentriert. Empfehlenswert ist auch die Zusammenfassung am Ende des Buches. Berlin (2012)

March, J.G.: Three lectures on efficiency and adaptiveness in organisations, S. 53. Scholl of Economics, Helsinki (1994)

Mason C.: Musenküsse. Die täglichen Rituale berühmter Künstler. Zürich (2013)

Ihre Kennzahl: Return of Vertrauen

9

Wir haben nichts anderes beseitigt als das blinde, irrational autoritäre Gehabe, das sich produktivitätsmindernd auswirkt.
Ricardo Semler, Semco

Einer der zentralen Ansätze, um wirklich Neues in einem Unternehmen erfolgreich zu verhindern, ist das Denken in Kennzahlen, das die meisten Manager mit der Muttermilch aufgesaugt zu haben scheinen. Nicht, dass Kennzahlen generell schlecht wären. Kein Unternehmen kommt ohne ein funktionierendes Controlling aus und in diesem Rahmen leisten Kennzahlen wertvolle Dienste. Bei der Messung von Innovationen ist dies nicht so einfach, wie es zunächst scheint. Christensen, Kaufman und Shih, allesamt von der Harvard Business School in Boston, kritisieren – bei der Bewertung von Innovationsoptionen! – insbesondere die Anwendung der klassischen Finanzwerkzeuge „Discounted-Cashflow-Methode", „Fixkostenmethode" sowie der Kennzahl „Gewinn je Aktie".[1] Die Anwendung dieser Werkzeuge verzerre den echten Wert von Neuem, die Wahrscheinlichkeit, dass Innovationen getätigt würden, sinke, so das Ergebnis.

9.1 Die gängigen Werkzeuge benachteiligen das Neue

Bei der Discounted-Cashflow-Methode (DCF) werden die zukünftigen, aus einer Investition zu erwartenden Zahlungsströme abgezinst, um einen heute relevanten Barwert zu erhalten. Der Ansatz geht davon aus, dass es einem rational handelnden Investor egal ist, ob er heute einen Euro besitzt oder in ein paar Jahren einen Euro plus die Rendite für die Investition des Geldes. Unter diesen Prämissen führt die DCF zu folgerichtigen Resultaten,

---

[1] Vgl. hierzu die Ausführungen in Christensen et al. (2008, S. 53–63).

© Springer Fachmedien Wiesbaden 2015
A. Schutkin, *Das Geheimnis des Neuen: Wie Innovationen entstehen,*
DOI 10.1007/978-3-658-07640-5_9

und an der Logik der Diskontierung gibt es nichts zu rütteln. Aber die Manager begehen bei der Bewertung von potenziellen Innovationsprojekten meist zwei Fehler:

Zunächst gehen sie bei ihren Analysen davon aus, dass die derzeitige Ertragslage des Unternehmens auch ohne die Innovationsinvestition unverändert bleibt. Die erwarteten Zahlungsströme werden mit den Zahlungsströmen ohne die Investition verglichen, die Alternativen lauten investieren oder nicht investieren. Übersehen wird dabei, dass der Wettbewerb in Innovationen investieren könnte. Dies hätte natürlich Auswirkungen auf das eigene Geschäft. Jeder, der schon einmal im Vertrieb tätig war, weiß, wie schwierig es ist, gegen innovativere Wettbewerbsprodukte zu verkaufen. Als Berater lebe ich davon, den Vertrieben in solchen Firmen dann mit Vertriebs-Know-how und Motivation dabei zu helfen, die Vorgaben zu erreichen. Aber mangelnde Innovationen und eine unsaubere strategische Positionierung sind in der Praxis der Hauptgrund für Preis- und Margendruck. Eine Fortschreibung des Status quo ist daher eher das Best-Case-Szenario bei Unterlassen der Innovation, wahrscheinlicher sind Rückgänge sowohl im Umsatz als auch in der Marge.

Die zweite Fehlerquelle liegt in der Prognose der zukünftigen Ertragsströme. „Echte" Innovationen gehen regelmäßig mit hoher Unsicherheit einher, Prognosen für zukünftige Geschäftsjahre sind ein reines Ratespiel. Regelmäßig wird vereinfacht in einer Zeitdimension von drei bis fünf Jahren gedacht, für alles, was später kommt, wird ein Restwert angenommen. Die DCF-Methode versucht, eine wenig bekannte und kaum quantifizierbare Zukunft in einem Zahlenwerk abzubilden. Alles im Dienste einer unbedingt gewollten Vergleichbarkeit, auch wenn diese weitgehend ohne Aussagekraft ist.

Die zweite Betrachtungsmethode hat mit Fixkosten und der zumeist mangelnden Verknüpfung zwischen den Bereichen Finanzen und Strategien zu tun. Gerade Manager etablierter Unternehmen investieren ungern in neue Märkte sowie Entwicklungen und verweisen auf die hohen Kosten, die mit der Erschließung neuer Märkte und neuer Vertriebswege verbunden sind. Sie versuchen lieber, Wachstum auf der Grundlage der bereits vorhandenen Infrastruktur zu generieren. Schließlich müssten bei einer Investition die Grenzkosten betrachtet werden, und diese seien bei Innovationen stets höher als bei konkurrierenden Investitionsprojekten, die bereits viel Bestehendes nutzen. Sie setzen damit auf Vermögenswerte und Ressourcen aus der Vergangenheit, um die Zukunft zu bewältigen. Allerdings übersehen diese Firmen, dass häufig andere oder neue Marktteilnehmer dann die entsprechenden Investitionen für Innovationen tätigen und in jedem Fall in Neues investieren, wenn sich dies für sie (dann auf Vollkostenbasis) rechnet. Dies hat dann natürlich wieder (negative) Auswirkungen für das zukünftige Geschäft des Unternehmens, welches nicht in Neues investiert hat.

Eine Lösung besteht in der engeren Verknüpfung zwischen Finanz- und Strategieressort. Handlungsalternativen müssen stets in einem breiteren Kontext betrachtet werden, der Blick allein auf die Finanzzahlen, ohne die eigene und mögliche Wettbewerbsstrategien zu betrachten, zeigt ein eingeschränktes Bild und verschlechtert die Realisierungschancen von Neuem.

Die Kennzahl „Gewinn je Aktie" ist die Haupttriebfeder für den Aktienkurs und treibt das Management tendenziell zu schnell feststellbaren Erfolgen, zumal häufig auch die

Vergütung des Managements wesentlich vom kurzfristigen Erfolg bestimmt wird. Zudem dienen Jahres- und Quartalserfolge auch der Reputation des Managements, und mit Anerkennung wird derjenige belohnt, der schnell Erfolge vorweisen kann. Das Management ist demnach bestrebt, sich tendenziell auf Aktionen zu konzentrieren, die zu schnellem Umsatzwachstum und Kostensenkungen führen. Auch Zukäufe gehören gerne dazu. Innovationen sind hier bestenfalls in Form von Verbesserungsinnovationen betroffen, radikale Innovationen gehören regelmäßig nicht zu den favorisierten Handlungsfeldern.

9.2 Fleiß und Vertrauen

Die Ausführungen zeigen, dass die klassischen Werkzeuge der Investitionsrechnung bei der Bewertung von Neuem nicht nur ein verzerrtes Bild liefern, sondern die Geburt des Neuen benachteiligen. Wenn Sie ein Manager sind: Werfen Sie diese Kennzahlen über Bord! Können Sie das nicht? Tun Sie es trotzdem! Ideenfindung ist kein normaler Prozess und Denkprozesse folgen einer vollkommen anderen Logik als Produktionsprozesse. Auch wenn es Ihnen schwerfällt: Es ist wie mit der Pubertät: Je weniger Sie dagegen ankämpfen, desto erfolgreicher werden Sie sein.

Sie tun sich immer noch schwer? Ihr Leitsatz ist „What you can't measure, you can't manage"? Dann sind Sie vermutlich ein X-Manager (Vgl. McGregor 1960)[2], der das Menschenbild verinnerlicht hat, dass Mitarbeiter enge Kontrollmechanismen benötigen, damit sie ihre Ziele erreichen. Sie führen gerne eng und halten die Zügel straff. Das ist eine in vielen Unternehmensbereichen wertvolle Haltung, beispielsweise im Controlling und insbesondere im Risikomanagement. Wenn Sie mich fragen, sind Sie mit diesem Weltbild im Kontext von Innovationen und Neuem jedoch am falschen Platz! Suchen Sie sich ein anderes Betätigungsfeld.

Manager von Typ Y begreifen ihre Aufgabe derart, dass sie Rahmenbedingungen schaffen müssen, in denen sich Mitarbeiter frei entfalten können. Das Menschenbild des Y-Managers geht davon aus, dass Freiheitsgrade, Eigenverantwortung und Selbstmotivation die Schlüssel zur Zielerreichung sind, und setzt daher regelmäßig auf sanfte Kontrollmechanismen. Diese Grundhaltung sollten Sie haben, wenn Sie Neues in Ihr Unternehmen bringen wollen!

Sollten Sie völlig auf Kontrollmechanismen verzichten? Nein, das können und sollten Sie nicht. Bewerten Sie die Anzahl an Ideen. Belohnen Sie Ideen, die später umgesetzt werden können, und solche, die später nicht umgesetzt werden können. Denken Sie an Edison. Probieren Sie es so oft, bis Sie ein gutes Ergebnis haben. Wahrscheinlich in einer anderen Form als erwartet, aber das ist egal.

Stellen Sie intelligente Mitarbeiter ein erklären Sie diesen, dass sie fleißig sein müssen. Belohnen Sie die Fleißigen und treiben Sie die Faulen an. Aber glauben Sie mir: In einem

---

[2] Die XY-Theorie wurde begründet von McGregor.

Team, das von zwei Pizzen satt wird und in dem intelligente Mitarbeiter arbeiten, werden Sie selten faule Mitarbeiter haben.

Bringen Sie Ihren Mitarbeitern bei, dass sie scheitern dürfen, aber nicht faul sein. Fordern Sie viele Beiträge ein und erziehen Sie Ihre Mitarbeiter dahin, Risiken einzugehen. Nur so bekommen Sie wirklich Neues.

Und: Schenken Sie Ihren Mitarbeitern Vertrauen!

Die brasilianische Unternehmensgruppe Semco ist durch „Vertrauen" groß und erfolgreich geworden. Das Unternehmen ist breit aufgestellt, und die Unternehmensphilosophie ist so ziemlich das genaue Gegenteil davon, was Manager für „richtig" empfinden. Die Firma hat 3000 Mitarbeiter, aber kaum Hierarchien, Vorgesetzte werden gewählt, seine Arbeitszeit bestimmt jeder selbst. Meetings sind freiwillig, Vorstellungsgespräche führt die Gruppe. Auf freiwilliger Basis natürlich. Mitarbeiter gestalten ihre Büros selbst. Das Unternehmen delegiert fast alles an die in Gruppen organisierten Mitarbeiter. Diese bestimmen auch teilweise ihre Gehälter selbst. Für Semco zählt nur das Ergebnis, wie und wann es auch zustande gekommen ist. Semco glaubt daran, dass Mitarbeiter, denen viel Vertrauen geschenkt wird, dieses mit überdurchschnittlichem Engagement zurückzahlen.

Die „Innovationsabteilung" NTI (Nucleus of Technological Innovation) bei Semco kam durch die Gründung durch drei Ingenieure zustande. Die Abteilung hatte keinen Chef und war in der Wahl der Projekte völlig frei. Ziel war, Ideen zu generieren und diese in Innovationen zu überführen. Die Ingenieure waren finanziell an den Erfolgen beteiligt und bezogen dafür ein geringeres Grundgehalt. Es entstand ein permanenter Strom an Erfindungen, Veränderungen und Neuem.

Der Erfolg des NTI ermunterte Semco, unternehmensweit selbstständig agierende Innovationssatelliten einzuführen, die weitgehend autark arbeiten. Und dies bis heute äußerst erfolgreich!

Semco hat überdurchschnittliche Wachstumsraten und ist einer der begehrtesten Arbeitgeber für Hochschulabgänger in Brasilien. Erfolgsrezept: Demokratisierung und Vertrauen.

In seinen CEO-Seminaren gibt Harvard-Star Michael Porter seine wichtigsten Erkenntnisse weiter. Seine Erkenntnis Nummer eins klingt dabei so: „Sie können das Unternehmen nicht alleine führen." Gemeinsam mit Erkenntnis Nummer vier: „Mit allem, was Sie sagen und tun, senden Sie eine Botschaft", vermittelt er ein Führungsverständnis, das nicht nur die Herren hinter Tür Nummer eins zum Nachdenken anregen soll, sondern auch eine gute Haltung für das Entstehen von Neuem sein könnte. Erkenntnis Nummer eins könnte sinngemäß lauten: „Sie können die Anzahl und die Qualität an gewünschten Innovationen nicht alleine hervorbringen", also sollten Sie das Team machen lassen. Und Erkenntnis Nummer vier könnte im übertragenen Sinne lauten: „Dadurch, wie Sie die Kultur und die Organisation Ihres Innovationsumfelds gestalten, senden Sie eine Botschaft." Die Botschaft ist, ob Sie Ihren Erneuerern vertrauen. Je mehr Sie sich zurücknehmen können und als Führungskraft die Rolle eines Moderators und Coachs einnehmen statt die eines Bosses, desto mehr werden Sie Vertrauen ernten. („Sie sind nicht der Boss" ist übrigens Erkenntnis Nummer sieben bei Porter …).

Legen Sie einmal für einen Augenblick dieses Buch beiseite. Und jetzt schließen Sie ihre Augen. Stellen Sie sich bitte vor, dass alle Ihre Entwickler, Ingenieure, Forscher, Kreativen, dass alle Ihre Mitarbeiter mit Freude an der Arbeit sind und tolle Ideen haben. Wählen Sie die richtigen Menschen aus und dann lassen Sie sie in Ruhe arbeiten. Versuchen Sie, loszulassen. Oft ist es schwieriger, etwas nicht zu tun, anstatt etwas zu tun. Wenn Sie das können, geben Sie eine klare Botschaft an Ihr Team: „Ich vertraue euch." Als Y-Mensch wird es Ihnen leichtfallen, als X-Mensch lässt Ihre Denkhaltung diesen Schritt schwer zu.

Mein Deutschlehrer fragte mich in der 11. Klasse zu Schuljahresbeginn: „Herr Schutkin, in welchem Fach sind Sie eigentlich gut"? Bis dahin hielt ich mich in Deutsch nicht für schwach. Ich antwortete mit: „Sport" In Deutsch bekam ich in diesem Jahr gerade noch eine Vier. Im nächsten Jahr hatte ich einen Lehrer, der mir das Gefühl gab, über gute Deutschkenntnisse zu verfügen, und ich erreichte eine Zwei. Sicherlich haben Sie in Ihrer Schullaufbahn ähnliche Erfahrungen gemacht. Es gibt eine Vielzahl von empirischen Untersuchungen, die einen Zusammenhang sehen zwischen dem Gefühl, das ein Lehrer seinen Schülern über deren Fähigkeiten vermittelt, und den dann tatsächlich erreichten Resultaten. Lassen wir einmal Vorprägung und Voreingenommenheit des Lehrers beiseite, so gilt auch für ihn Porters Erkenntnis und er sendet klare (Vorab-) Botschaften in Richtung seiner Schüler. Er sendet Signale, ob er der Leistungsfähigkeit Einzelner vertraut. Und er erntet häufig das, was er zuvor als Gefühl gesät hat. So verhält es sich auch im Sport in einer Trainer-Spieler-Beziehung und regelmäßig im Beruf.

Sie merken, hier schreibt ein Y-Mensch. Wenn Sie auch Y-Mensch sind, wird Ihnen diese Haltung gefallen: Gegebenes Vertrauen führt bei Menschen zu hohem Selbstwert. Das kann sich z. B. darin äußern, dass ein höherer Erfolgsglaube vorhanden ist, Misserfolge schneller verarbeitet werden und Sie nicht so schnell von Ihrem Weg abbringen. Meist gehen solche Menschen souveräner an Aufgaben heran, sind offen für andere Meinungen, die das Ergebnis noch verbessern könnten, und teilen ihre Informationen mit anderen – alles Eigenschaften, die förderlich sind, um das Neue in die Welt zu bringen.

Wenn Sie eher der X-Richtung angehören, denken Sie wohlmöglich jetzt gerade an die Schlange Kaa, die im Dschungelbuch dem Urwaldjungen Mogli schmeichelt und ihm zuflüstert „Hör auf mich, glaube mir, Augen zu, vertraue mir", während ihr dabei schon das Wasser im Mund zusammenläuft …

X-Menschen handeln nach der Maxime „Vertrauen ist gut, Kontrolle ist besser" und vertrauen nicht in Menschen, sondern in Systeme und vor allem in alles Messbare. Heinz-Dieter Haustein bezeichnet den modernen Menschen als vom Messen besessen, als einen „Homo mensurans" (Vgl. Haustein 2001, S. 3). Die Möglichkeit des Messens bringt Sicherheit in das berufliche und private Leben und bietet Orientierung. Alles, was existiert, ist irgendwie messbar und kann in Formularen dokumentiert werden. Spätestens seit dem Siegeszug des Controllings mit Tausenden von möglichen Kennzahlen und dem Qualitätsmanagement mit Hunderten von DIN-Normen hat das Messen den beruflichen Alltag im Griff. Aus psychologischer Sicht bringt also Messbarkeit eine gewisse Kontrolle in eine Welt, die aus vielen Umgebungsvariablen besteht. Messen und Erfassen als Antwort auf zunehmende Komplexität? Es ist Typsache, ob Sie in das Messbare oder in Menschen vertrauen können. X-Menschen sollten nun zum nächsten Kapitel übergehen, Y-Menschen können gerne weiterlesen.

Keine Frage: Vertrauen ist ein schillernder, faszinierender Begriff. Freundschaften, Zusammenleben und Zusammenarbeiten sind ohne Vertrauen nicht denkbar, ebenso wie die eigene Identität nicht ohne Selbst- und Fremdvertrauen denkbar ist.[3]

Von Altbundespräsident Johannes Rau stammt die Feststellung: „Vertrauen ist die Grundlage für jegliche Veränderung." Sie können Neues nicht alleine erreichen. Also schaffen Sie entsprechende Rahmenbedingungen, damit das Neue kommen kann. Demokratisieren Sie Ihre Organisation, bauen Sie Hierarchien ab. Investieren Sie Vertrauen und äußern Sie Ihre Erwartung, dass Sie dafür viel Neues bekommen möchten. Stärken Sie das Selbstwertgefühl und das Selbstbewusstsein Ihrer Mitarbeiter. Selbstbewusstsein ist Vertrauen in sich selbst und davon können Menschen, die Neues schaffen sollen, nicht genug haben.

Literatur

Christensen, C. M., Kaufmann, S., Shih, W. C.: Innovationskiller Kennzahlen, S. 52–63. Harvard Business Manager, Mai (2008)
Haustein, H.D.: Weltchronik des Messens. Universalgeschichte von Maß und Zahl, Geld und Gewicht, S. 3. de Gruyter, Berlin (2001)
McGregor, D.: The human side of enterprise. McGraw-Hill, New York (1960)
Weingardt, M.: Vertrauen: Fragen und Leitfragen. In: Weingardt M. (Hrsg.) Vertrauen in der Krise. Zugänge verschiedener Wissenschaften, 1. Aufl., S. 7–15. Nomos, Baden-Baden (2011)

---

[3] Vgl. hierzu Weingardt (2011, S. 7–15).

Vertrauen Sie Ihrem Unterbewussten

10

Vergeuden Sie nicht Ihre Zeit damit, dass Sie das Leben eines anderen leben. Lassen Sie nicht zu, dass der Lärm fremder Meinungen Ihre eigene innere Stimme übertönt. Und vor allem haben Sie Mut, Ihrem Herzen und Ihrer Intuition zu folgen.
Steve Jobs

Gerd Müller war der beste Mittelstürmer, den Deutschland je hatte. Wen man ihn nach seinem Erfolgskonzept gefragt hatte, wie er es denn schaffe, eine solch unglaubliche Trefferquote zu haben, antwortete er meist sinngemäß: „Gut, ich laufe meist genau da hin, wohin der Ball dann kommt, und dann hau ich ihn halt einfach rein." Mittelstürmer aufgepasst, so einfach ist das! Im Sport gilt es als Stärke, wenn man einen besonderen Instinkt für Spielsituationen besitzt, wenn man weiß, wohin der Ball vermutlich gleich gespielt wird. Auch viele erfolgreiche Tennisspieler antizipieren häufig, wohin der Gegner den Aufschlag spielen wird, und bereiten bereits gedanklich den Return vor. Auch in der Politik spielt Instinkt anscheinend eine Rolle. Vom ehemaligen US-Außenminister und Generalstabschef Colin Powell ist folgende Äußerung überliefert: „Ich sammle so viele Informationen wie möglich und dann höre ich auf meine Intuition, meinen geschulten Instinkt" (Powell 2006, S. 28–35).

10.1 Dürfen Manager intuitiv sein?

Und nun stellen Sie sich folgende Situation vor: Sie sehen am Abend die „Tagesthemen" und im Börsenteil wird ein Top-Manager eines Dax-Konzerns interviewt. Es geht um den soeben beschlossenen Neubau einer neuen Fertigungsstätte des Konzerns in Malaysia und der Manager erklärt dazu: „Wir haben uns für den Bau der neuen Fertigungsstätte in Ma-

© Springer Fachmedien Wiesbaden 2015
A. Schutkin, *Das Geheimnis des Neuen: Wie Innovationen entstehen,*
DOI 10.1007/978-3-658-07640-5_10

laysia entschlossen, weil es sich für uns richtig angefühlt hat." Wie bitte, denken Sie? Ein Top-Manager, der fühlt. Und der auf sein Gefühl hin eine Fertigungsstätte bauen lässt?

Kann es Gefühle im Geschäftsleben geben? Ist es möglich, seinem Gefühl, seiner Intuition zu folgen und auf dieser Grundlage Entscheidungen zu treffen? Im Sport und in der Politik ist die Intuition salonfähig, auch in der Wissenschaft ist sie angekommen. Albert Einstein vertraute auf sie: „Nicht alles, was zählt, kann gezählt werden, und nicht alles, was gezählt werden kann, zählt! Ich vertraue auf Intuition."[1] So weit, so gut – aber im rational geprägten Geschäftsleben hat doch Intuition nichts zu suchen! Intuition genießt einen zweifelhaften Ruf, der darauf beruht, dass der Begriff schwierig zu fassen ist. Für Gerd Gigerenzer, Direktor am Max-Planck-Institut für Bildungsforschung in Berlin, ist Intuition ein Bauchgefühl, „das rasch im Bewusstsein auftaucht, dessen tiefere Gründe uns nicht ganz bewusst sind und das stark genug ist, um danach zu handeln" (Vgl. Gigerenzer 2007). Andere Autoren bezeichnen Intuition metaphorisch als den „Zündfunken" auf einem Entscheidungsweg. Einig ist sich die Literatur darin, dass der intuitiv Entscheidende eine Entscheidung treffen kann, ohne dass er sich selbst oder anderen seine Entscheidungsmotive detailliert erklären könnte. Für die meisten Menschen ist Intuition das Gegenteil von dem, was man im klassischen Management unter rationalem, logischem Denken versteht. Wir wissen etwas, ohne zu wissen, woher wir es wissen. Wie passt das in eine Geschäftswelt, in der es darum geht, die in den MBA-Programmen gelernten Tools der Entscheidungslehre anzuwenden? Zunächst gar nicht.

Es gibt diverse Untersuchungen, ob denn „Intuition" eine wertvolle Ressource für einen Manager sein kann und ob Manager, die „intuitiv sind", bessere Entscheidungen treffen. Unsere eigene Intuition würde diese Fragestellung sicherlich intuitiv bejahen. Wie kann man Intuition eigentlich messen? Die meisten Befragungen setzen auf eine Selbsteinschätzung oder auf den nach Myers und Briggs benannten MBTI-Index, ein psychologisches Messinstrument zur Einschätzung der Persönlichkeit. Was ist dann eine „gute" Entscheidung? In den meisten Untersuchungen wird „gut" mit „effektiv" gleichgesetzt, ob also die Entscheidung zur Effektivität des Unternehmens beiträgt. Bei aller Zurückhaltung in der Interpretation und auch bei vorsichtiger Betrachtung kommen die meisten Studien zu dem Ergebnis, dass ein Zusammenhang zwischen intuitiver Kompetenz und Entscheidungserfolg besteht (Vgl. hierzu Agor 1989; Parikh 1994; Allinson und Hayes 1996, S. 119–135; Katri und Ng 2000, S. 57–86; Ritchie et al. 2007, S. 140–155). Interessant ist überdies, dass die meisten Studien zu dem Ergebnis kommen, dass gerade auf Top-Managementebene überdurchschnittlich hohe intuitive Fähigkeiten vorhanden sind gegenüber Managern der mittleren und unteren Führungsschicht. Auf Top-Managementebene wird also häufiger intuitiv entschieden? Gerd Gigerenzer fand in einer Befragung unter Führungskräften und Vorständen heraus, dass ein Großteil ihrer Entscheidungen Bauchentscheidungen seien. Nur wenige von ihnen würden dies aber öffentlich zugeben, da erstens keine Intuition erwartet würde, man sich zweitens nicht in einer Gruppe mit einer Intuition durchsetzen könnte, die man nicht erklären könne, und man drittens Angst habe, etwas vergessen zu

---

[1] Albert Einstein zitiert nach (Badke-Schaub Frankenberger 1998; Pais 1998).

haben. Laut Gigerenzer verlassen sich Manager umso häufiger auf ihr Bauchgefühl, je höher sie in der Hierarchie angesiedelt sind (Vgl. Gigerenzer 2013, S. 147–151).

10.2 Über das Entscheiden

Vor einigen Jahren habe ich mir ein neues Auto gekauft. Ein Saab Cabrio, schwarz, mit Lederausstattung und guter Musikanlage. Das Auto habe ich über das Internet gekauft. Ungesehen. Ich wohne in Oberbayern und das Auto stand bei einem Händler in Dresden. Ich habe sofort gespürt, dass das mein Auto ist. Es fühlte sich sofort richtig an. Ich rief also beim Händler an und verhandelte telefonisch den Preis. Den Kaufvertrag habe ich gelesen, unterschrieben und zurückgefaxt. Danach rief ich meine Bank an und sagte ihr, dass ich gerade ein Auto gekauft hätte und dieses nun gerne über sie leasen möchte. Die Bank willigte ein und trat in den Kauf ein. Das Ganze dauerte nur exakt 20 min. Und ich wollte an dem Tag überhaupt kein Auto kaufen. Ich sollte für einen Kunden ein neues Vertriebskonzept erarbeiten und hatte keine wirklich gute Idee. Also surfte ich ein bisschen im Internet und landete eher zufällig bei meinem Auto. Es ist einfach so passiert.

Am Abend überfielen mich dann Zweifel. Hätte ich das Auto nicht wenigstens einmal anschauen sollen? Ich hatte zuvor noch nie in einem Saab gesessen, auch wenn dieser mir schon immer gefiel. Was ist, wenn er für die Kinder zu wenig Platz bietet? Und überhaupt, wieso habe ich mich eigentlich so schnell entschieden? Das wäre ja gar nicht notwendig gewesen.

Heute, drei Jahre später, kann ich sagen, dass ich meine schnelle Entscheidung von damals nicht bereut habe. Die Qualität einer Entscheidung erkennt man stets daran, wie zufrieden man später noch damit ist. Außerdem empfinde ich es als Bereicherung, dass ich diese schnelle Entscheidung zum Anlass nahm, mich für Entscheidungsprozesse zu interessieren. Die Frage, wie wir Entscheidungen treffen und wie wir dabei vorgehen, wird immer wichtiger, weil wir vor immer mehr Entscheidungen gestellt werden. Wie also treffen wir die bestmögliche Entscheidung? Indem wir sehr gründlich darüber nachdenken und dann entscheiden, wenn die Zeit dafür reif ist? Oder lieber schnell und spontan? Oder indem wir es Freud gleichtun, der „unbewusst" entschied: „Wenn ich eine unwichtige Entscheidung treffen muss, halte ich es für sinnvoll, alle Vor- und Nachteile abzuwägen. Bei sehr wichtigen Entscheidungen jedoch muss die Entscheidung aus dem Unbewussten kommen, aus etwas in uns selbst."[2] Man könnte Entscheidungen vereinfacht in drei Kategorien unterteilen:[3] erstens schnelle Entscheidungen, bei denen wir kaum nachdenken.

---

[2] Dieser Ausspruch Freuds steht auf einer Ansichtskarte. Er scheint dies gesagt zu haben, als ein Bekannter ihn um Rat fragte.

[3] Die nachfolgenden Ausführungen orientieren sich auch an Dijksterhuis (2010, S. 122–160). Ap Dijksterhuis wurde vor wenigen Jahren international bekannt durch einen Artikel in der Zeitschrift „Science". In dem Artikel ging es um die erstaunliche Kraft „unbewussten" oder besser „nicht mit Aufmerksamkeit versehenen" Entscheidens. Der Artikel ist Ausgangspunkt des genannten Buchs.

In der zweiten Kategorie könnte man von „unbewussten" Entscheidungen sprechen. Man nimmt die relevanten Informationen einer Entscheidungsaufgabe „mit" und beschäftigt sich später damit, während man „bewusst" etwas ganz anderes tut, wie beispielsweise Auto zu fahren, ein Buch zu lesen oder im Kino einen Film zu sehen. Oder man schläft nochmal eine Nacht darüber. Während der Beschäftigung mit anderen Sachen oder am nächsten Morgen entwickelt sich meist ein Gefühl, und ein Weg fühlt sich richtig an. Man entscheidet also in dieser zweiten Kategorie intuitiv. Die dritte Kategorie setzt auf bewusste Entscheidungen. Man sammelt alle verfügbaren Informationen und verwertet diese in gängigen Entscheidungsmodellen.

Welches Verfahren bietet nun die meisten Ergebnisse? Stellt man Menschen diese Frage, so fallen die Antworten zumeist ähnlich aus. Schnelle Entscheidungen halten die meisten Menschen für schlecht, unbewusste Entscheidungen für geeigneter und den bewussten, logischen Denkprozess im Sinne einer bewussten Entscheidung für die beste Lösung. Sprichwörter wie „Gut Ding will Weile haben" signalisieren bereits, dass man sich vor schnellen Entscheidungen hüten sollte. Situationen, in denen man reflexartig entscheiden muss, sind selten, und in den meisten Fällen ist es sicherlich besser, noch einmal darüber zu schlafen.

Die Ansicht, man treffe bessere Entscheidungen, wenn man sich für diese mehr Zeit lasse, legt den Schluss nahe, dass langes Überlegen grundsätzlich der Entscheidungsqualität zugutekäme. Doch ganz so einfach ist es nicht. Malcom Gladwell zeigt in seinem Bestseller „Blink!" auf, dass oftmals die Intuition in den ersten Sekunden zu besseren Entscheidungen führen kann als ein langer, abwägender Denkprozess. Gladwell liefert reichlich Argumente für eine schnelle Entscheidung (Vgl. Gladwell 2007). Waren Sie schon einmal beim Speed-Dating? Single-Männer und Single-Frauen unterhalten sich jeweils ein, zwei Minuten lang mit unterschiedlichen anderen Teilnehmern und können in dieser kurzen Zeit ein sehr klares Votum entwickeln, ob sie das Gegenüber wiedersehen möchten.

Interessant ist auch, dass wir wie selbstverständlich davon ausgehen, dass eine Entscheidung umso besser wird, je mehr Informationen wir dazu einholen. Mehr Informationen geben Sicherheit, das heißt aber nicht, dass deshalb zwangsläufig das Ergebnis besser wird.

Daniel Kahneman, Verhaltensökonom und Nobelpreisträger für Wirtschaft, untersucht in seinem neuesten Buch „Schnelles Denken, Langsames Denken", (Vgl. Kahneman 2011) ob wir in der Einschätzung von Dingen eher der Intuition oder eher der Vernunft folgen. Protagonisten der Untersuchung sind die beiden kogninitiven Systeme, System 1 und System 2. System 1 arbeitet automatisch und schnell, weitgehend mühelos und ohne willentliche Steuerung. System 1 entspricht demnach einer schnellen, intuitiven Entscheidung. Demgegenüber verlangt System 2 ein tieferes Nachdenken, eine anstrengende mentale Auseinandersetzung mit einem Sachverhalt. System 2 entspricht dementsprechend einem bewussten, logischen Denk- und Entscheidungsprozess. Mit einem Augenzwinkern führt uns Kahneman die Defizite und Schwächen beider Systeme vor Augen. Dies überrascht gerade bei dem „vernünftigen" System 2, nimmt es doch für sich in Anspruch, gegenüber System 1 stets überlegene Lösungen zu entwickeln. Das System 2 ist das, was wir als bewusstes Selbst betrachten. Kahneman findet heraus, dass dieses „rationale" Selbst Urteile fällt und Entscheidungen trifft, die letztlich eine rationalisierte Ausgabe der von System 1 erzeugten Vorstellungen und Gefühle sind. Das System 2 begründet demnach oftmals den Eindruck von System 1. Hierzu passt auch die Haltung eines ehemaligen Top-Managers: Der legendäre frühere GE-Chef Jack Welch nennt eines seiner Bücher „Straight from the Gut", (Vgl. Welch 2003) was wörtlich übersetzt heißt: „Aus dem Bauch heraus." Das Bauchgefühl zählt also. Leider erklärt er dann, dass sein Erfolg ausschließlich Ergebnis von strategischem Denken, Willenskraft, Disziplin und harter Arbeit ist.

Manager wären schlecht beraten, wenn sie öffentlich zugäben: „Ich habe es gespürt." In unserer Denkweise ist Intuition nicht greifbar und somit verdächtig. Manager verbergen daher ihre Intuition. Gigerenzer beschreibt zwei Methoden, Bauchentscheidungen zu verbergen oder zu vermeiden: defensives Entscheiden und nachträgliche Rationalisierung. Beim defensiven Entscheiden wird unter zwei Optionen die bessere Option fallen gelassen, weil sie sich nicht rechtfertigen lässt, wenn etwas schiefgeht. Beispielsweise werden von Managern gerne Aufträge an große, bekannte und teurere Unternehmen vergeben, auch wenn das Bauchgefühl sagt, dass die Aufgabe bei einem weniger namhaften, in dieser Sache kompetenteren und auch günstigeren Mitanbieter besser aufgehoben wäre. Trotzdem entscheidet man zugunsten des großen Unternehmens, weil diese Entscheidung im Fall eines Misserfolgs besser zu rechtfertigen ist. Im nachträglichen Rationalisieren sucht der Entscheider nach rationalen Gründen, um seine Bauchentscheidung zu rechtfertigen (Vgl. Gigerenzer 2013, S. 152 f.). System 2 als Rechtfertigung von System 1.

System 2 muss also häufig Entscheidungen erklären, an denen offensichtlich System 1 einen wesentlichen Anteil hatte. Gleichsam ist System 2 kein Inbegriff von Rationalität. Seine Fähigkeiten und das Wissen, zu welchem es Zugang hat, sind beschränkt. Fehler entstehen deswegen, weil wir (unser System 2) es nicht besser wissen. Auch das System 1 arbeitet nicht fehlerfrei und versorgt uns mit vielerlei intuitiven Urteils- und Entscheidungsfehlern. Tatsächlich hat ein Großteil dessen, was falsch läuft, seinen Ursprung in System 1. System 1 ist aber auch der Ursprung für das meiste, was wir richtig machen. Unsere Gedanken und Handlungen werden routinemäßig von System 1 gesteuert und wir liegen damit, so Kahneman, im Allgemeinen richtig.

Der renommierte Experimentalpsychologe Ap Dijksterhuis hat festgestellt, dass gerade bei komplexen Aufgabenstellungen das unbewusste Denken gegenüber dem bewussten Denken zu besserer Entscheidungsqualität führt.

Wie kann das sein? Bei komplexen Entscheidungsproblemen stoßen wir mit unseren Verarbeitungskapazitäten bald an eine Grenze. Es sind eine Vielzahl an Entscheidungsparametern zu berücksichtigen, die erfasst, bewertet und verarbeitet werden müssen. Zusätzlich gibt es die Schwierigkeit, die einzelnen Einflussfaktoren zu gewichten, wie das folgende Beispiel deutlich machen soll:

Angenommen, wir müssten uns entscheiden zwischen einem Haus auf dem Land mit viel Platz, zwei Bädern und großem Garten und dem Nachteil, dass wir jeden Tag in die Stadt zum Arbeiten pendeln müssten, und einer kleineren Stadtwohnung mit Balkon, die näher an unserem Arbeitsplatz liegt. Beide kosten gleich viel. Bei solch einer Entscheidung müssten wir sorgfältig abwägen und uns darüber klar werden, was uns wichtiger ist und was weniger wichtig. Sind wir bereit, für mehr Wohnraum und Garten die tägliche Fahrzeit von beispielsweise eineinhalb Stunden in Kauf zu nehmen? Psychologen und Wissenschaftler haben längst entdeckt, dass wir uns mit bewusstem Durchdenken der Entscheidungssituation und einer Gewichtung der einzelnen Faktoren schwertun. Im konkreten Fall wird, je länger wir bewusst über die Alternativen nachdenken, die Alternative „Haus im Grünen" an Bedeutung gewinnen. Weshalb ist das so? Der Vorteil der Alternative „Haus im Grünen" ist sehr greifbar: Mehr Platz, ein zweites Bad, mehr Komfort für Gäste und dann noch der Garten, während der Nachteil des Pendelns weniger fassbar ist und daher als weniger tragisch bewertet wird: „Die Fahrerei ist kein Problem, das kriege ich schon hin und kann dann auch mal runterkommen." Das bewusste, rationale Denken kommt zu der „Haus im Grünen"-Lösung. Später stellen wir womöglich fest, dass wir das zweite Bad gar nicht benötigen, wir seltener Besuch bekommen als erwartet und es uns nach einer Weile ziemlich lästig wird, jeden Tag eineinhalb Stunden im Auto zu sitzen. Wenn wir diese Entscheidung „unbewusst" getroffen hätten und uns vorgestellt hätten, wie sich tägliches Pendeln anfühlt, wären wir möglicherweise intuitiv zu einer anderen Lösung gekommen.

Beim unbewussten Denken scheinen wir auf eine sehr gute und natürliche Art und Weise abzuwägen. Bewusstes Denken wirkt sich auf den Prozess des Abwägens oftmals störend aus, unbewusstes Denken ist, so scheint es, bewusstem Denken dann überlegen, wenn die Anzahl der Einflussfaktoren hoch ist und die Entscheidungsaufgabe „komplex". Die zu verarbeitende Informationsmenge wird dann schlichtweg für das Bewusstsein zu groß, hinzu kommt noch das Gewichtungsproblem (Abb. 10.1).

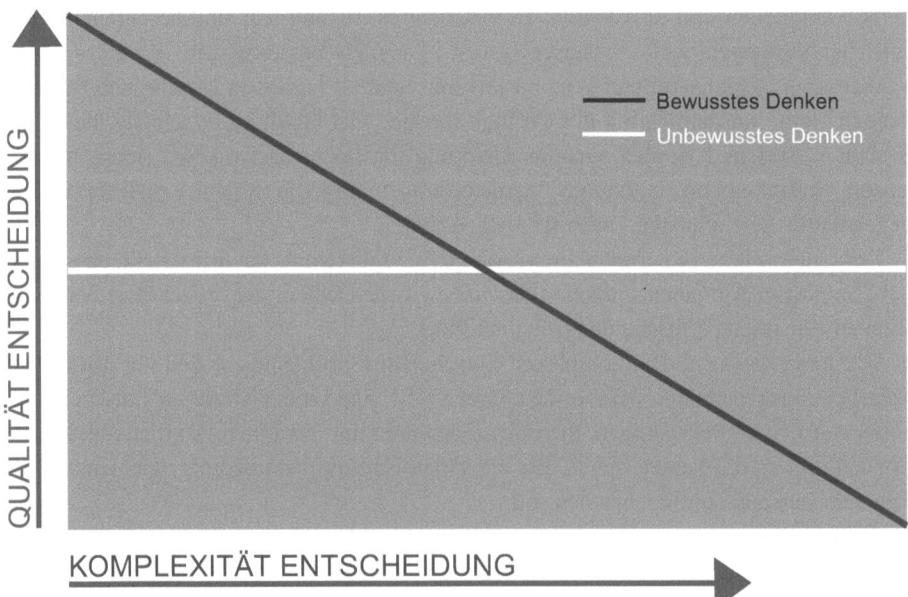

Abb. 10.1 Bewusstes und unbewusstes Denken, in Anlehnung an Ap Dijksterhuis, Das kluge Unbewusste, S. 145

10.3 There is nothing like a free lunch

Was bedeutet das nun für Entscheidungen, wenn es um Neues geht? Wenn ich mit Entscheidern darüber sprach, wonach sie denn nun die Ideen aussuchten, aus denen dann Innovationen, also umgesetzte Ideen werden sollten, bekomme ich fast immer die gleiche Antwort: „Herr Schutkin, das ist eigentlich bei uns ganz einfach. Wir suchen nach Ideen mit möglichst großem Potenzial und geringem Risiko". Bei diesem Satz muss ich dann immer an den Satz „there is nothing like a free lunch" denken. Es gibt im Leben nichts umsonst. Und dass zwischen Risiko und Chance ein signifikanter Zusammenhang besteht, weiß bereits der BWL-Student im ersten Semester und jeder, der sich schon einmal mit Aktien beschäftigt hat. Diese Aussagen erscheinen also wenig brauchbar.

Die Zaubertruhe des bewussten Denkens ist prall gefüllt mit vielen Instrumenten wie Bayes-Prinzip, Bernouilli-Prinzip, Hurwicz-Regel, Laplace-Regel, Maximax-Regel, Minimax-Regel, Savage-Niehaus-Regel und Entscheidungsinstrumenten wie ABC-Analyse, Entscheidungsbäume, Nutzwertanalyse, Pareto-Methode, um nur einige herauszugreifen. Wenn wir entscheiden, benötigen wir nur das richtige Instrument, so die Denkweise.

Aus Sicht der Intuitionsforschung ist es umgekehrt: Das Bewusstsein stößt schnell an die Grenzen. Im Vergleich dazu kann unser Unbewusstes wesentlich mehr Daten aufnehmen und zu Informationen verarbeiten. Je komplexer also eine Entscheidungssituation ist, desto mehr sollte unbewusstes Denken herangezogen werden. In einem Unternehmen sind sehr viele Entscheidungssituationen komplex, gerade dann, wenn sie die Zukunft betreffen. Welche Entscheidungsregeln sollte man jetzt heranziehen, wenn es in einem Unternehmen mehrere interessante Ideen gibt und diese, wie es die Regel ist, aufgrund beschränkter Budgets und Ressourcen nicht alle realisiert werden können? Ich habe vielerlei Innovations- und Auswahlprozesse nachvollzogen. In der Regel ging es darum, die Ideen zu priorisieren, und natürlich ging es dabei immer um die Chancen und Risiken alternativer Ideen. Das scheint einerseits einer gewissen Logik zu entsprechen, andererseits macht es genau diese Logik unmöglich, dass echte, radikale Ideen weiterverfolgt werden. Wieso? Weil auf Ideen das gleiche Entscheidungsproblem zutrifft wie auf die Entscheidungssituation „Haus im Grünen" versus „Wohnung in Arbeitsplatznähe": Die heutigen Risiken sind sehr konkret. Man verfügt über eine Aufwandskalkulation, in der Personal-, Labor-, Werkzeug- und Materialkosten bis ins kleinste Detail festgehalten sind. Das macht diese Risiken sehr existent, sehr greifbar, sehr nahe. Das Neue ist dagegen noch sehr vage, wenig spezifisch, weit entfernt. Womöglich gar nicht so sehr bei den Erfindern, aber zumindest sehr häufig bei den Personen, die das Budget mitverantworten müssen. Wie bei der Haus-Wohnung-Entscheidung, werden sich mit zunehmender Länge des Entscheidungsprozesses weniger riskante Ideen durchsetzen. Was ja auch in der Praxis so ist …

Ich habe keine Patentlösung dafür, wie Sie zu echten Innovationen kommen. Ich empfehle Ihnen aber, dass Sie bei der Ideenauswahl bewusst Ideen zulassen und weiterverfolgen, auch und gerade, wenn diese mit hohen Risiken einhergehen. „No risk, no fun" mag wenig substanziell klingen, trifft es aber ganz gut. Und ich möchte ein Plakat hochhalten, auf dem steht: „Vertraue Deinem Unterbewussten." Das wäre klug, da unbewusstes Denken dem bewussten Denken bei komplexen Aufgabenstellungen zumeist überlegen ist – und das Neue ist meistens komplex.

10.4 Folge den Regeln – aber denke nicht bewusst über sie nach

Bevor man indessen überhaupt in die komfortable Situation kommt, zwischen alternativen Ideen auszuwählen, gilt es, den kreativen Erschaffungs- und Denkprozess zu gestalten. Es ist faszinierend, darüber nachzudenken, wie ein Mensch zu neuem Gedankengut kommt. Wie kommt jemand auf einen Gedanken, den noch keiner hatte und der die Welt verändert? In einem früheren Kapitel ist die Bedeutung des glücklichen Zufalls besprochen worden, der ein häufiger Wegbegleiter des Neuen ist. Was ist nun für den kreativen Prozess förderlicher, bewusstes oder unbewusstes Denken? Ist Kreativität vor allem eine Leistung des Bewusstseins oder eine Leistung des Unterbewussten? Beim „unbewussten" Schaffensprozess beschäftigen wir uns bewusst mit etwas anderem. Wir lesen Zeitung, fahren Auto, gehen spazieren oder beobachten andere Menschen in einem Café. Doch auch während wir uns bewusst mit anderen Dingen beschäftigen, befasst sich unser Unterbewusstsein mit Entscheidungen und Lösungssuche. Dieser Prozess unbewussten Denkens, manche Psychologen bezeichnen ihn als „Inkubation", ist für die Kreativität entscheidend. Von Issak Newton wird erzählt, dass er „in seinem Hinterkopf" mit dem Problem der Schwerkraft beschäftigt war, doch nicht dauernde bewusste Anstrengung darauf verwendete. Pablo Picasso malte „auf Autopilot", und wenn er sich damit nicht mehr wohlfühlte, brach er ab und begann neu. Das Unterbewusstsein findet das Ziel nicht von selbst. Vielmehr müssen Sie leichten Druck ausüben, damit sich das Unterbewusstsein für Sie an die Arbeit macht. Ap Dijksterhuis fasst es brillant zusammen: „Folge den Regeln, aber denke nicht bewusst über sie nach."

Von ihm stammt auch ein anschauliches Beispiel aus dem Film „Amadeus". Darin geht es um Wolfgang Amadeus Mozart und den Komponisten Antonio Salieri. Mozart war ein genialer Komponist, Salieri nur ein mittelmäßiger. Salieri symbolisiert in diesem Film sozusagen das Bewusstsein. Wenn er komponiert, kostet ihn das sehr große Mühe und Anstrengung, Er peinigt sein Gehirn so lange, bis es schließlich ein eher durchschnittliches Ergebnis hervorbringt. Mozart repräsentiert das Unbewusste. Die genialen Werke, die er komponiert, „erscheinen" ihm, die Musik kommt zu ihm. Er hört sie und braucht sie nur aufzuschreiben. Auch die beiden ABBA-Komponisten Benny Andersson und Björn Ulvaeus erklärten in Interviews, dass sie immer einen Zettel und Stift auf dem Nachtkästchen haben, um Melodien festzuhalten, die sie im Schlaf gehört haben. Und Keith Richards, der Gitarrist der Rolling Stones, hat einige Hits unter Drogeneinfluss geschrieben. Was Sie jetzt nicht unbedingt ausprobieren sollten.

10.5   Intuitionsfallen und ganzheitliches Denken

Für alle Skeptiker des intuitiven Denkens habe ich aber auch gute Nachrichten. Unser Unterbewusstsein spielt uns ab und an einen Streich. Beispielsweise kann uns das Umfeld ins Bockshorn jagen, wie ein Experiment der „Washington Post" zeigt. Am 12. Januar 2007 stellte sich um 7.51 Uhr ein unauffälliger Mann in die Eingangshalle der U-Bahnstation L'Enfant Plaza in Washington D.C. Er holte seine Geige aus der Tasche, setzte sie an und begann zu spielen. Er spielte die Sonaten und Partiten für Violine Solo von Johann Sebastian Bach, Stücke, die für Anfänger wahrlich nicht geeignet sind. Nach einer knappen Dreiviertelstunde war er fertig, aber niemand applaudierte. Immerhin waren während des Spiels rund 1100 Fahrgäste vorbeigekommen, die meisten von ihnen sind dem Bildungsbürgertum zuzuordnen, denn L'Enfant Plaza liegt im Herzen des Regierungsbezirks. Das mag uns zunächst nicht überraschen. Spannend ist allerdings, dass der Musiker kein geringerer als Stargeiger Joshua Bell war. Er hatte auf seiner Stradivari gespielt, die im Jahr 1713 vom Meister selber gebaut wurde und heute einen Wert von drei Millionen US-Dollar hat. Niemand hatte es gemerkt[4].

Der renommierte Architekt und Designer Tao Ho versucht, beide Welten harmonisch zu vereinen. Entscheidend für den Erfolg sei es, die Kommunikation zwischen Logik und Intuition zu fördern. Gemäß dieser asiatischen Sichtweise repräsentiert die linke, männliche Hälfte des Gehirns die Logik, das „Yang" und die rechte, weibliche Hälfte die Intuition, das „Yin". Lösungen sind innerhalb der beiden Pole zu finden. „Yin", die Intuition, die Kreativität, gestaltet und „Yang", die Logik, die Technologie, unterstützt. Diese Reihenfolge ist wichtig (Vgl. Ho 1997, S. 179–187).

Der Werber Jean-Remy von Matt schlägt in die gleiche Kerbe: „Der Kopf-Bauch-Mix muß ausgewogen sein."[5]

Und trotzdem warte ich darauf, dass endlich einmal ein CEO eines großen Konzerns vor die Kamera tritt und eine unternehmerische Entscheidung mit „es hat sich richtig angefühlt" erklärt. Das wäre neu!

Literatur

Agor, W.H.: Intuitives Management. Berlin (1989)

Allinson, C.W., Hayes, J.: The cognitive style index: A measure of intuition – analysis for organizational research. J. Manag. Stud. 33, 119–135 (1996)

Badke-Schaub, P., Frankenberger, E.: Management kritischer Situationen. Produktentwicklung erfolgreich gestalten, S. 177. Springer, Berlin (1998)

Dijksterhuis, A.: Das kluge Unbewusste. Denken mit Gefühl und Intuition, S. 122–160. Stuttgart (2010)

Gigerenzer, G.: Bauchentscheidungen, 3. Aufl., S. 25. München (2007)

---

[4] Das Beispiel wurde übernommen von Zeuch (2010, S. 89).

[5] Vgl. Jean-Remy von Matt im Gespräch mit Peter Stolle: Qualität beginnt mit Qual.

Gigerenzer, G.: Risiko. Wie man die richtigen Entscheidungen trifft, 2. Aufl., S. 147–151. München (2013)

Gladwell, M.: Blink! Die Macht des Moments. München (2007)

Ho, T.: Das Herz, der Kopf, die Hand: Leidenschaft, Analyse, Produktion. In: von Pierer H., von Oetinger B. (Hrsg.), Wie kommt das Neue in die Welt? S. 179–187. München (1997)

Kahneman, D.: Schnelles Denken, Langsames Denken. München (2011)

Katri, N., Ng, H.: The role of intuition in strategic decision making. Hum. Relat. 53, 57–86 (2000)

Pais, A.: Ich vertraue auf Institution. Der andere Albert Einstein, S. 240. Heidelberg (1998)

Parikh, J.: Intuition. The new frontier of management. Oxford (1994)

Powell, C.: Die eigentliche Herausforderung ist nicht, eine Entscheidung zu treffen, sondern sie umzusetzen. Focus Online 1, 28–35 (2006)

Ritchie, W.J., et al.: Does Executive intuition matter? An empirical analysis of its relationship with non profit organization financial performance. Nonprofit Volunt. Sect. Quart. 36, 140–155 (2007)

Welch, J.: Straight from the Gut. New York (2003)

Zeuch, A.: Feel it! So viel Intuition verträgt Ihr Unternehmen, S. 89. Weinheim (2010)

Das Neue steht vor der Tür

*Menschen mit einer neuen Idee gelten so lange als Spinner, bis sich
die Idee durchgesetzt hat.*
Mark Twain

Kennen Sie das Kinderbuch von der Raupe Nimmersatt? Es geht darin um eine kleine
Raupe, die sich durch allerlei Obst, Käse, Wurst und Kuchen frisst, um sich im Kokon
einen Verdauungsschlaf zu gönnen und dann als wunderschöner Schmetterling neu auf
die Welt zu kommen. Ich arbeite in Trainings manchmal mit diesem Bild, wenn es darum geht, einen Entwicklungs- oder Veränderungsprozess eines Unternehmens (euphe-
mistisch) zu beschreiben. Aus einer unscheinbaren Raupe wird ein prächtiger Schmetterling: Ist dieser evolutionäre Prozess auch bezeichnend für die Geburt des Neuen in der
Ökonomie? Wohl kaum. Joseph Schumpeter betont vielmehr die zerstörerische Kraft des
Neuen. Dynamische Unternehmer vertreiben die „Schlafmützen" auf den Märkten und
schaffen neue wirtschaftliche Realitäten. Das Ergebnis hat dabei oft wenig zu tun mit
einem Schmetterling, denken Sie beispielsweise an das Ende der „New Economy" oder
aktuell an die Vielzahl der „innovativen" Produkte, mit denen Banken neuerdings handeln. Das Neue schafft Gewinner und es schafft Verlierer. Die Revolution des Internets
verändert gerade alles. Dass neue Produkte und Unternehmen entstehen und andere dafür
verschwinden, ist für eine aktive Ökonomie normal. Neu ist die hohe Komplexität, die mit
den aktuellen Veränderungen einhergeht. Und neu ist das hohe Tempo, mit dem Neues
kommt und Altes ersetzt wird.

© Springer Fachmedien Wiesbaden 2015
A. Schutkin, *Das Geheimnis des Neuen: Wie Innovationen entstehen,*
DOI 10.1007/978-3-658-07640-5_11

11.1   Kondratieff-Zyklen

Ein Erklärungsansatz für die aktuellen Umbrüche ist in der Theorie der langen Wellen der Konjunktur (Kondratieff (1926, S. 573–609)) zu sehen, die auf den russischen Wissenschaftler Nikolai Kondratieff zurückgeht. In seinem Artikel „Die langen Wellen der Konjunktur" behauptet er, dass die wirtschaftliche Entwicklung Westeuropas und der USA durch lange Phasen von Prosperität und Rezession periodisch verläuft. Kondratieff zeigte anhand von Daten aus verschiedenen Volkswirtschaften auf, dass es immer wieder zu in etwa 40–60 Jahren andauernden Zyklen gekommen war. Ausgelöst wurden diese einzelnen Zyklen durch bahnbrechende Innovationen. Die Ideen von Kondratieff wurden von Joseph Schumpeter aufgenommen und weitergeführt. Er sprach als Erster von sogenannten Kondratieff-Zyklen, die durch Basisinnovationen begründet wurden und die dann den entsprechenden Zyklus oder die Welle prägten. Bis heute geht man von bislang fünf großen Zyklen aus.[1]

1. Zyklus (ca. 1780–1849): „Dampfmaschinen-Kondratieff"; Beginn der Industrialisierung; Frühmechanisierung
2. Zyklus (ca. 1840–1890): „Eisenbahn-Kondratieff"; Bessemerstahl und Dampfschiffe
3. Zyklus (ca. 1890–1940): „Elektrotechnik und Schwermaschinen-Kondratieff"; auch Chemie
4. Zyklus (ca. 1940–1990): „Einzweck-Automatisierungs-Kondratieff"; Basisinnovationen: Integrierter Schaltkreis, Kernenergie, Transistor, Computer und das Automobil
5. Zyklus (ab 1990): „Informations- und Kommunikations-Technik-Kondratieff"

Schematisch-idealisiert sehen die Zyklen so aus wie in Abb. 11.1.

Bei der Interpretation der Zyklen folge ich Leo A. Nefiodow (2006). Wirtschaftlicher Aufschwung ist demnach in solchen Volkswirtschaften zu finden, die in den jeweiligen Zyklen die Basisinnovationen prägen bzw. sich eine führende Position in den durch die Basisinnovationen geschaffenen Märkten erarbeiten können. Die Basisinnovation übernimmt für mehrere Jahrzehnte die Rolle einer Lokomotive und prägt dadurch das Wirtschaftswachstum entscheidend. Im dritten Kondratieff nutzten die USA und Deutschland ihre führende Stellung in der Chemie und der Elektrotechnik zum volkswirtschaftlichen Aufstieg. Der vierte Kondratieff-Zyklus erschloss der Gesellschaft den individuellen Massenverkehr. Getragen wurde dieser Zyklus in erster Linie durch das Automobil sowie die petrochemische Energie und ihre diversen Anwendungen. Am besten genutzt haben diese Welle die USA, Deutschland und die Sowjetunion.

Der fünfte Kondratieff-Zyklus ist der erste Langzeitzyklus, der nicht primär geprägt ist von Verwertung von Bodenschätzen, Stoffumwandlungsprozessen oder Energie, sondern von dem immateriellen Faktor Information. Der Computer samt PCs und besonders Kleingeräte wie iPods, Smartphones und Tablet PCs haben die Welt verändert. Infolge

---

[1] Ich orientiere mich bei dieser Darstellung an Wikipedia.

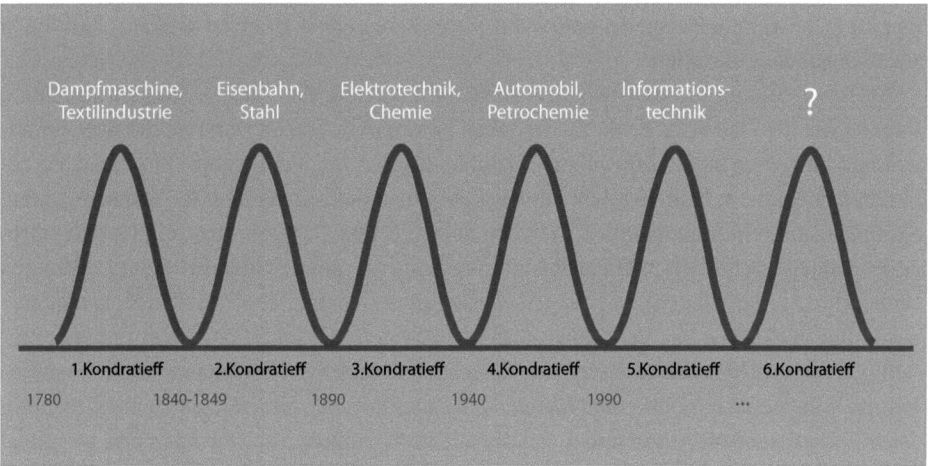

Abb. 11.1 Skizzierung der Kondratieff-Zyklen

des Internets haben sich Industrien neu strukturiert, ganze Produkte und Dienstleistungen sind weggefallen, denken Sie nur an den gesamten Versandhandel, den Buchhandel, das Musikhören, das Telefonieren, den Reisemarkt sowie den gesamten Bereich der Informationssuche. Die Basisinnovation Internet hat Volkswirtschaften näher zusammengebracht und die internationale Arbeitsteilung beschleunigt. Dadurch sind bisherige Dienstleistungen und Produkte durch neue ersetzt und verändert worden und insbesondere neue Märkte hinzugekommen: Das Internet ermöglicht es, nicht nur mit anderen Ländern zu handeln, sondern auch quasi in einem anderen Land zu arbeiten.

Welche Unternehmen fallen Ihnen spontan ein, wenn Sie an Informations- und Kommunikations-Technik denken? Google, Apple, Amazon, Microsoft, Ebay, Facebook, Samsung? Und zukünftig Alibaba? Deutsche Unternehmen sind nicht unter den fünf erstgenannten Unternehmen zu finden.

11.2   Die Zukunft von Dienstleistungsstrukturen

Wo liegen nun die Chancen und Risiken für Neues und Bestehendes? In seinem Buch „Aufbrechen" skizziert Gunter Dueck ein Zukunftsbild von der heutigen, von Dienstleistungsstrukturen geprägten Ökonomie (Vgl. hierzu Dueck (2010, S. 31–71)). Dueck beschreibt darin das langsame Verschwinden heute noch paralleler Strukturen: Firmen, Institutionen, Behörden und Gemeinden haben historisch gewachsene Parallelstrukturen, die im Zeitalter des Internets immer mehr zusammengelegt werden können. Denken Sie beispielsweise an die Verwaltungsapparate bei Krankenkassen, Stadt- und Gemeindeverwaltungen, bei Steuerbehörden und Finanzämtern, in Krankenhäusern, Universitäten sowie an die Abrechnungssysteme bei Logistikdienstleistern, Telekommunikationsunternehmen, Energielieferanten und natürlich auch einem Großteil des gesamte Bankensektors.

Es gibt viele weitere Beispiele, und wenn Sie an Ihre eigene Branche denken, wird Ihnen auch so manches einfallen.

Im Bankensektor erledigt beispielsweise die Postbank die Überweisungen für andere Banken wie die Deutsche Bank. Es entstehen kommunale Rechenzentren, die die Computerarbeit einzelner Städte übernehmen. Krankenkassen beginnen damit, ihre Systeme zusammenzulegen. Im Prinzip reicht ein Bankensystem aus, ein System für Krankenkassen, ein Finanzamt, ein Standesamt. Es reichen auch ein Ebay, ein Amazon, ein Google. Große Systemanbieter arbeiten Dienstleistungssysteme ab, diese standardisierten Leistungen sind optimiert und effizient. Leistungen werden zentralisiert erstellt und den Konsumenten wiederum in Zentren zur Verfügung gestellt. Was in der Produktion längst erfolgte, entsteht gerade im Dienstleistungssektor – Dienstleistungen vom Fließband. Ich habe dieses Jahr ein Messecoaching für einen Kunden durchgeführt, der seinen Kunden maßgeschneiderte Texte aus einem Autorenpool von derzeit 5000 Autoren anbieten kann und beispielsweise suchmaschinenoptimierte Webseitentexte erstellen lässt. Der Autorenpool ersetzt für diese Standardaufgaben den freiberuflichen Texter.

Durch diese Entwicklung werden weniger Arbeitsplätze benötigt. Ein Anteil der Aufgaben wird aus Kostengründen auch im Ausland abgewickelt werden können. Routiniers können ihre Stärke, die Etablierung von Dienstleistungssystemen mit möglichst geringen Transaktionskosten, hier voll einbringen. Aber auch bei der Entwicklung und Konzeption dieser Systeme sind viel Arbeit und Intelligenz notwendig und Spezialisten gefragt. So wie heute Ingenieure unterschiedlicher Fachrichtung im Maschinen- und Anlagenbau tätig sind, werden zukünftig ebenso große Dienstleitungssysteme entwickelt. In den dann einmal etablierten Systemen werden jedoch deutlich weniger Menschen arbeiten als heute im Dienstleistungsbereich.

11.3   Exzellenz setzt sich durch

Neben den standardisierten großen Dienstleistungssystemen wird es kleinere Exzellenzgruppen geben, deren Leistung nicht standardisierbar ist, etwa weil der Erbringer der Leistung ein besonderes Renommee besitzt oder über eine besondere Reputation verfügt – eine Marke. Wissen Sie, wie ein iPhone entsteht? Apple entwirft das Gerät und schafft über die Dachmarke Apple sowie den Markenaufbau bei iPhone Begehrlichkeit und Preisspielräume. Zusammengebaut wird das Gerät dann für ein paar US-Dollar von der Firma Foxconn in China. Diese Entwicklung wird auch bei Dienstleistungen kommen: Eine Exzellenzschicht veredelt und schafft Differenzierung, Dienstleistungssysteme arbeiten am weltweit günstigsten Ort die Dienstleistung ab.

Das klingt sehr nach Michael Porter und seinen generischen Strategien. Porter hat bereits in den 1980er Jahren sein Konzept für „Erfolg" in einer Branche festgeschrieben: Sei Kostenführer, schaffe Differenzierung oder sei Spezialist mit einem tiefen Sortiment. Meide Mittelpositionen, „stuck in the middle" ist der Tod eines jeden Unternehmens. „Schaffe

Klarheit in Deiner Positionierung", ruft Porter den Unternehmen hinterher. Als Vertriebs-trainer weiß ich, dass Vertrieb für Firmen mit ungenauer Positionierung schwierig ist. Ein Porsche und ein BMW werden als klar differenzierte Produkte immer gekauft, Preis- und Kostenführer wie etwa Kia ebenso wie Spezialanbieter wie Jeep und Mini. Schwierig ist es für Firmen mit weniger scharfer Positionierung. Die Folge sind höherer Vertriebsaufwand, Preiszugeständnisse und geringere Margen. Ein Teufelskreis, den jedes Unternehmen na-türlich zu vermeiden versucht. Wo stehen Sie selber als Arbeitnehmer oder Selbststän-diger? Bieten Sie hinreichend „Differenzierung", so dass Sie Ihre Mehrwerte in höhere Vergütung, mehr Verantwortung, spannende Tätigkeiten und hohe Arbeitsplatzsicherheit eintauschen können? Oder sind Sie Spezialist und verrichten als Spezialist eine Tätigkeit, die auch zukünftig nicht über Dienstleistungssysteme abgewickelt werden kann?

Standarddienstleistungen oder auch Commodity-Dienstleistungen werden zunehmend zusammengefasst bzw. über das Internet abgewickelt werden. Dueck sieht für deutsche Arbeitnehmer den Zwang zur Exzellenz, das Mittelmäßige wird „Commodity" (Vgl. Du-eck (2011, S. 20–33)). Das Internet gibt in der digitalen Zeit Antworten, für die bisher Menschen erforderlich waren. Geschäfte, Reisebüros, Banken, Versicherungen, Rechts-anwälte beobachten durchaus besorgt unser ROPO-Verhalten: „Research Online, Purcha-se Offline." Das Angebot wird im Netz ausführlich recherchiert und verglichen, danach wird das Produkt oder die Dienstleistung im Laden des Vertrauens gekauft. Der Verkäufer wickelt das Geschäft nur noch ab, die Kaufentscheidung wird häufig bereits ohne ihn getroffen. Seine Herausforderung besteht darin, die Mehrwerte seiner Leistung neu zu entdecken und zu kommunizieren. Aber auch jeder andere Berufsangehörige muss sich selbst die Frage stellen, welchen Rat, welche Mehrwerte er den Kunden bieten kann, die dieser nicht nach zwei Stunden Surfen im Internet selbst erlangen kann. Zukünftige Arbeitsplätze entstehen im Premium-Bereich, Berufstätige müssen raus aus der Stuck-in-the-middle-Falle, raus aus Commodity. Dabei verhält es sich mit Commodity so wie mit Kundenzufriedenheit heute: Die Leistungsanforderungen steigen. Was gestern noch ein Begeisterungsfaktor war, ist heute eine Basisanforderung. Was gestern noch Premium war, ist heute Commodity. Selbstständige sind längst daran gewöhnt, dass ihr Leistungs-angebot mit den stetig steigenden Erwartungen der Kunden Schritt halten muss. Abhängig Beschäftigte sind dabei, sich den neuen Anforderungen anzupassen. Es wird für sie nicht einfacher werden, als „Premium" wahrgenommen zu werden.

11.4 Chancenblick

Zurück zu Kondratieff: Manche Autoren bezeichnen die mit einem Zyklus einhergehen-den Basisinnovationen als Lokomotive, ich finde das Bild eines Obstbaumes sehr passend. Die Basisinnovation ist der Stamm, der dem Baum Höhe gibt. Von diesem Stamm gehen einzelne Äste und Zweige ab, das sind konkrete Anwendungen, Produkte und Dienstleis-tungen, die aus der Basisinnovation abgeleitet sind. An diesen Zweigen hängen Früchte, die für Wohlstand und Wachstum stehen. Im vierten Zyklus war eine Basisinnovation das Auto. Im Zuge der Entwicklung des Autostamms entstanden Äste und Zweige in Form von Entwicklungs- und Zulieferbetrieben, die wiederum neue Technologien hervorbrachten. Dieses System brachte eine reiche Ernte in solchen Volkswirtschaften, die in der Automobilindustrie eine führende Position innehatten. Ein Stamm im derzeitigen fünften Zyklus ist das Internet. Länder, die diesen Stamm um dicke Äste und Zweige erweitern können, werden die meisten Früchte ernten. Ein neuer Stamm schafft sich den Platz, den er zum Wachsen benötigt, und verdrängt dabei auch das, was zuvor an diesem Platz gestanden ist. Das Neue schafft sich Raum.

Wenn man einen idealtypischen Verlauf annimmt, sollte der laufende fünfte Kondratieff-Zyklus derzeit in einer Hochphase sein. wenngleich die meisten Zyklusforscher uns im Umbruch zwischen zwei Kondratieff-Zyklen sehen.[2] Erik Händeler erklärt mit der Position zwischen zwei Stühlen die derzeitige instabile Situation: Die alten Unternehmensstrukturen lösen sich auf, neue sind noch nicht gefunden (Vgl. Händeler (2007, S. 250–252)).

Was könnte im sechsten Zyklus kommen? Einige Autoren, beispielsweise Nefiodow (2006), sehen das Neue bereits vor der Tür und mit ihm neue Basisinnovationen.

Nefiodow hat vier Kandidaten als mögliche Basisinnovationen ausgemacht: den Informationsmarkt, den Umweltschutz einschließlich erneuerbarer Energien, die Biotechnologie und den Gesundheitsmarkt. Dem Thema „Gesundheit" kommt hierbei sowohl in körperlicher als auch seelischer Hinsicht eine Schlüsselrolle zu. Wachstumsträger könnten die klassischen Felder der Pharmaindustrie, der Medizintechnik und der Ernährungsindustrie sein. Aber ebenso der Markt für medizinische Versorgung und Pflege, betriebliches Gesundheitsmanagement sowie „Zweige" wie zugehörige Handwerksdienstleistungen und Wellness, Gesundheitstourismus, Naturheilverfahren sowie Biotechnologie. Daneben könnte es verstärkt um die seelische Gesundheit gehen, um Work-Life-Balance, Stressbewältigung, seelische Gesundung, was wieder viele Zweige für Psychologie und Coaching, Weiterbildungsinstitute und Programme zur Arbeits- und Lebensorganisation ermöglicht. Nefiodow betrachtet auch die psychosoziale Gesundheit und wertet Kriminalität, Umweltzerstörung, Energieverschwendung und Terrorismus als seelische Störung.

Aber die Haltung der Konsumenten gegenüber dem Gesundheitssektor wird sich ebenfalls ändern: Sehen wir heute Zuzahlungen zu Behandlungen und Rezepten als lästiges Übel, werden wir dies zukünftig als Investition begreifen – als Investition in unsere Schönheit, Fitness und unsere Gesundheit. Wellness und Schönheit, die man haben will, und nicht mehr Gesundheit, die mir verschrieben wurde und die ich haben muss. Ein gesundes Äußeres und eine gesunde Seele kreieren ein höheres Selbstwertgefühl und Selbstbewusstsein und garantieren Erfolg. Um die Leitthemen Wellness, Ernährung und Fitness herum entstehen vielfältige Industrien und florierende Märkte.

---

[2] So beispielsweise Leo Nefiodow und Erik Händeler.

Die kommende Rohstoff- und Nahrungsmittelknappheit wird durch die Fortschritte in der Biotechnologie gelindert werden können. Pflanzen können so verändert werden, dass sie sich dem Klimawandel anpassen und mit weniger Wasser auskommen. Parallel wird sich der gesamte Bereich der Landwirtschaft neu definieren. Computersteuerungen werden die Bewässerung optimieren und sicherstellen, dass wir Nahrung mit weniger Wasser produzieren können. Die Biotechnologie wird auch andere Disziplinen befruchten, beispielsweise die Medizintechnik, wo Neuroimplantate oder Neuroprothesen denkbar sind. Das Reich der Möglichkeiten erscheint grenzenlos und die Menge der hierdurch entstehenden Zweige, Äste und Früchte ebenfalls.

Auch für Deutschland als Auto-Nation gibt es gute Nachrichten: Das gesamte Auto wird weitgehend neu erfunden! Der Verbrennungsmotor wird durch den Elektro- oder Brennstoffzellenantrieb ersetzt. Das bedingt eine völlige Neukonstruktion des Autos, da die neuen Antriebe wohl weniger Platz als die heutigen Verbrennungsmotoren benötigen. Damit werden sich die Anforderungen an die Produktionsroboter ändern, die dann ebenfalls angepasst werden müssen mitsamt der zugehörigen Steuerungstechnologie. Die jetzigen Elektromotoren im Auto werden durch viele kleine Mini-Computer, Embedded Systems bzw. Embedded Devices, ersetzt werden, und natürlich wird das Internet Einzug halten in unserem Lieblingsspielzeug und das Auto zu einem fahrbaren Laptop werden! Die Neuerfindung des Autos wird also viele Arbeitsplätze schaffen, fast alle im absoluten Hightech-Bereich. Zudem wird für die Antriebe der neuen Autos Wasserstoff oder Akku-Ladungen benötigt, die umweltschonend aus Sonnen- und Windenergie gewonnen werden sollen. Die Weiterentwicklung der Energiewirtschaft wird eng an die Neuentwicklung des Autos gekoppelt sein.[3]

Leider agieren die deutschen Autobauer und auch die Politik im Bereich E-Mobility sehr zögerlich. Andere Nationen, wie die USA und China, nutzen ihre Chance, sich im Automarkt der Zukunft heute zu positionieren um morgen zu den marktführenden Anbietern zu zählen.

Trendforschung ist „in" und die Liste an möglichen Zukunftsszenarien ist vielschichtig. Zum Glück weiß niemand, wie das Neue tatsächlich aussehen wird. Ein Fazit ist dennoch möglich: Das Neue separiert noch stärker als bisher zwischen Premium und Durchschnitt. Arbeitsplätze werden im Dienstleistungsbereich verloren gehen und neue im Zuge der Entwicklung von Basisinnovationen entstehen. Branchenübergreifend gilt, dass neue Arbeitsplätze allesamt ein hohes Bildungsniveau erfordern. Länder, die Premium sind in ihrer Infrastruktur und dem Bildungsniveau ihrer Menschen, werden dabei besonders erfolgreich sein. Das Neue kommt!

---

[3] Zu den Ausführungen zu Wellness, Biotechnologie und Automobil vgl. Dueck (2010, S. 148–153).

Literatur

Dueck, G.: Aufbrechen! Warum wir eine Exzellenzgesellschaft werden müssen, S. 31–71. Eichborn, Frankfurt a. M. (2010)

Dueck, G.: Professionelle Intelligenz. Worauf es morgen ankommt, S. 20–33. Eichborn, Frankfurt a. M. (2011)

Händeler, E.: Die Geschichte der Zukunft, 6. Aufl., S. 250–252. Brendow, Moers (2007)

Kondratieff, N. D.: Die langen Wellen der Konjunktur. Arch. Sozialwissenschaft Sozialpolitik **56**, 573–609 (1926)

Nefiodow, L. A.: Der sechste Kondratieff. Wege zur Produktivität und Vollbeschäftigung im Zeitalter der Information, 6. Aufl., S. 2–22. Rhein-Sieg, Sankt-Augustin (2006)

Freischwimmen im blauen Ozean

Früher war die Zukunft auch besser.
Karl Valentin

Ich bin ein kulinarisch interessierter Mensch und gebe gerne Geld aus für gute Lebensmittel und gutes Essen. Ich verstehe zum Beispiel nicht, dass die meisten Menschen bereitwillig viel Geld für Motorenöl ausgeben für ein Auto, aber sehr wenig Geld für Olivenöl für ihren Körper. Häufig schmeckt mir ein wirklich gutes Butterbrot mit Schnittlauch besser als ein künstlerisch gestaltetes Sandwich, eine ganz einfache Pasta mit viel Parmesan besser als eine artifizielle Komposition von Teigwaren, und einen frisch geräucherten Fisch ziehe ich regelmäßig getrüffelten Jakobsmuscheln vor. Dabei schätze ich die Könner am Herd sehr, besonders solche, bei denen man noch erkennt, was man gerade isst, und die auf waghalsige Kombinationen verzichten können, um zu begeistern. Nicht nur die besten Köche, sondern meines Erachtens auch die besten Verkäufer sind erfolgreich, weil sie die Grundlagen ihres Handwerks beherrschen. „Gibt es eigentlich im Vertrieb gar nichts Neues?", fragen mich oft meine Kunden, wenn ich mit Ihnen über die Vorzüge des Dinosauriers Sales Funnels spreche. Den Sales Funnel kennen die meisten Führungskräfte und Mitarbeiter im Vertrieb natürlich, was allerdings nicht heißt, dass sie diesen auch sinnvoll einsetzen. Noch schlimmer wird es, wenn ich auch mal Vertriebsbücher empfehle, die bereits einige Jahrzehnte alt sind. Das klingt nicht sexy und nicht sonderlich innovativ. Spannender ist es natürlich, sich mit den aktuellen Erkenntnissen der Gehirnforschung zu beschäftigen und hierüber Bücher zu lesen oder Seminare zu besuchen. Das erweitert die Perspektive und ist inspirierend. Aber die wenigsten Verkäufer sind dann in der Lage, diese neu erworbenen PS auch beim Kunden tatsächlich auf die Straße zu bringen, und sollten beispielsweise erst lernen, die bei ihren Kunden vorhandenen Potenziale konsequent abzufragen. Das Neue muss auf einem festen Fundament stehen, sonst können Sie nichts aufbauen.

© Springer Fachmedien Wiesbaden 2015
A. Schutkin, *Das Geheimnis des Neuen: Wie Innovationen entstehen*,
DOI 10.1007/978-3-658-07640-5_12

12.1 Alter Wein in neuen Schläuchen kann gut schmecken

Die „Produkt-Markt-Matrix" oder „Ansoff-Matrix" ist auch schon „uralt". Entwickelt in den 1960er Jahren von Harry Igor Ansoff, hat sie ihre Glanzzeiten bereits hinter sich. Die Matrix zeigt strategische Optionen für Umsatzwachstum auf. Laut Ansoff kann ein Unternehmen dies erreichen durch eine höhere Marktdurchdringung, durch neue Produkte, durch die Erschließung neuer Märkte sowie – und das ist die Option mit dem höchsten Risiko – durch ein mutiges Engagement in neuen Märkten und mit neuen Produkten. Ein eindrucksvolles Beispiel hierfür ist die Geschichte von Nokia: Das Unternehmen stellte Auto- und Fahrradreifen und später Kabel her, bevor es mutig ein Global Player im Mobilfunkgeschäft wurde. Erfolg in neuen Märkten und mit neuen Produkten!

Ansoff war Pate, als die beiden INSEAD-Professoren W. Chan Kim und Renée Mauborgne im Jahr 2005 ihre Blue Ocean Strategy vorstellten (Kim und Mauborgne (2005)). Die Kernbotschaft ist dabei, wie so häufig, recht simpel: „Wenn Du die Konkurrenz besiegen möchtest, weiche ihr einfach aus."

Die meisten Branchen sind gekennzeichnet von einem sehr harten Wettbewerb. Innerhalb dieser Branchen können sich die Unternehmen über ihr Leistungsangebot kaum unterscheiden, die angebotenen Produkte und Dienstleistungen sind in der Kundenwahrnehmung weitgehend identisch. Die Folge ist, dass alle Branchenteilnehmer versuchen, die Mehrwerte für ihre Kunden zu erhöhen und gleichzeitig die Kosten zu senken, um ihr erhöhtes Leistungsangebot zu noch attraktiveren Preisen anbieten zu können. Da alle Unternehmen weitgehend gleich denken und gleiche strategische Überlegungen anstellen, kann sich wiederum kein Unternehmen entscheidend absetzen. In Summe sinken infolge des meist ruinösen Preiskampfes die Margen, was die Unternehmen überwiegend dazu veranlasst, ihren eingeschlagenen Kurs noch härter zu verfolgen, um die Konkurrenz zu besiegen. Es gibt ein Hauen und Stechen, aufgrund des harten Konkurrenzkampfes bleiben viele Unternehmen auf der Strecke. Kim und Mauborgne bezeichnen diese Märkte als „rote Ozeane".

Erinnern Sie sich noch an das Beispiel mit der Biene und der Fliege? So ist es hier auch. Die Unternehmen sind in der „roten Ozean Flasche" gefangen und versuchen, dieser zu entkommen. Wie die Biene halten sie stur ihren Kurs und ihr Programm. In den roten Märkten herrschen Best-Practise-Regeln vor. Regeln, die als Norm akzeptiert werden, die „eben so sind in diesem Geschäft" und die leider viel zu selten in Frage gestellt werden. Für mich als Berater und Trainer ist das natürlich einerseits von Vorteil, weil solche Firmen intensiv in ihre Vertriebsbemühungen investieren und mich beauftragen. Andererseits habe ich mit diesen Kunden dann den größten Erfolg, wenn diese wirklich bereit sind, den Blick zu weiten und neue Wege zu gehen.

Die Strategie des blauen Ozeans klingt nach einer asiatischen Weisheit: „Wenn Du den Feind nicht besiegen kannst, weiche ihm einfach aus." Die erste große Aufgabe ist, sich aus den derzeitigen Denkschemata zu befreien und das Preissenkungs-Dilemma aufzugeben. Mehr Fliege und weniger Biene, wobei wir gleich feststellen werden, dass die Migration in blaue Ozeane auch ein sehr strategisches Vorgehen erfordert. Zuerst gilt es, die derzeitige Programmierung zu löschen.

12.2   Brich die Regeln und schaffe dir deinen Markt einfach neu

In meinen Vorlesungen in Vertrieb und Marketing frage ich häufig meine Studenten, die allesamt berufsbegleitend studieren und in ihren Unternehmen im Vertrieb oder Marketing arbeiten, was denn genau der „Markt" sei, in dem ihr Unternehmen tätig ist. Diese Frage klingt sehr einfach, meistens gelingt es aber gar nicht so schnell, diese konkret zu beantworten. Die Frage beinhaltet Überlegungen, welche Nutzergruppen derzeit die Produkte und Dienstleistungen nachfragen und welche Nutzergruppen dies heute nicht tun, grundsätzlich als Nutzer aber in Frage kämen. Es geht also um eine Abgrenzung des Marktes und ein Abstecken der Marktgrenzen. Genau hier beginnt das Aufbrechen in die blauen Ozeane: in einer Verschiebung der Marktgrenzen und einer Neubestimmung des Marktes.

Kim und Mauborgne haben ihren Bestseller mit vielen Beispielen fundiert, eines davon ist die Entwicklung des Cirque du Soleil. Der Cirque du Soleil hatte Erfolg, weil er sich eingestand, dass er seine Wettbewerber nur durch einen Schachzug schlagen kann: indem er aufhört, es zu versuchen. Der Markt für den Cirque du Soleil war der klassische Zirkusmarkt, der schrumpfend war. Jeder Zirkus kämpfte um ein möglichst großes Stück von dem Zirkuskuchen und wollte die anderen überflügeln, indem die berühmtesten Clowns, die waghalsigsten Artisten und die furchtlosesten Löwenbändiger engagiert wurden. Dadurch stiegen natürlich die Kosten, ohne dass sich das Zirkuserlebnis nachhaltig verändert hätte. Resultat waren steigende Kosten ohne erwähnenswerte Mehrumsätze in einem umkämpften Marktumfeld – ein Teufelskreis.

Der Cirque du Soleil änderte einfach die Spielregeln und hielt sich nicht an die Logik der Branche. Er ging nicht den Weg, das Konkurrenzproblem durch ein noch besseres, aufwendigeres Leistungsangebot zu lösen. Cirque du Soleil definierte das Problem einfach neu. Er versuchte, die Faszination des Zirkusbesuches mit einzelnen Elementen des Theaters zu verbinden. Er fand heraus, dass die Faszination „Zirkus" bei den Zuschauern letztlich über die drei Schlüsselfaktoren Zelt, die Clowns und die klassischen Akrobatiknummern verankert war. Diese wurden beibehalten, auf teure Dressurnummern wurde verzichtet, was deutliche Kosteneinsparungen mit sich brachte. Die einzelnen Nummern wurden durch eine verbindende Geschichte zusammengefügt, was – ebenso wie klassische Musik und Tanzeinlagen – aus der Theaterwelt übernommen wurde. Auch wurde die Art der Komik bei den Clowns angepasst, anspruchsvollerer Humor anstelle bloßer Klamauk-Nummern. Das neue Format, eine Symbiose aus Elementen des Zirkus und des Theaters, sprach einen deutlich größeren, neuen Markt an. Neben den klassischen Zirkusbesuchern wurde das neue Format auch von Theaterbesuchern sowie Firmenkunden angenommen. Das neue Programm bot die Chance zu einer neuen Preisstruktur, die in dem jetzt blauen Ozean deutlich höhere Spielräume zuließ.

Das Beispiel Cirque du Soleil ist gut geeignet, um die grundlegenden Fragestellungen zu erarbeiten: In einem roten Ozean geben alle Marktteilnehmer viel Geld aus, um ihr Leistungsangebot zu verbessern und herauszustellen. Alle arbeiten an ihrer Differenzierung, selten wird hinterfragt, ob das überhaupt Sinn macht. Wenn ich mit Außendienstmitarbeitern unterwegs bin und diese bei Kundengesprächen begleite, frage ich sie oft, warum konkret der Kunde eigentlich bei ihm Kunde ist. Ist es das Produkt, ist es der Service oder ist es die gute Beziehung, die Grundlage der Geschäftsbeziehung ist? Die wenigsten Verkäufer und Kundenberater haben sich diese Frage je selber gestellt. Dabei wäre es schon gut zu wissen, was für den Kunden wirklich kaufentscheidend ist und für was das Unternehmen Geld ausgibt, ohne dass es für seine Kunden wirklich entscheidungsrelevant ist. Wer in blaue Ozeane segeln möchte, setzt genau hier an: in der Prüfung und möglichst einer Reduktion des gegenwärtigen Leistungsangebots. Was ist wirklich relevant und muss beibehalten werden und was kann gestrichen werden, um die Kostenstruktur zu entlasten? Auf welche Elemente können die bestehenden Kunden verzichten? Und dann: Wie können neue Kundengruppen gewonnen werden? Welche Gruppen könnten das sein und wie müsste das bestehende Leistungsangebot erweitert oder neu gestaltet werden, um für neue Kundengruppen interessant zu sein? Welche Nutzeninnovationen können geschaffen werden?

Die Umsetzung der Blauen-Ozean-Strategie verlangt Mut und ist voller Hürden. Management und Mitarbeiter haben sich an den täglichen Kampf in den roten Ozeanen gewöhnt, er ist Teil der Routinen geworden. Auch wenn der Alltag in den roten Märkten kein Zuckerschlecken ist: Er ist vertraut, man kennt die Schwierigkeiten und hat sich damit arrangiert. Das Leben in einer Sackgasse kann einem richtig ans Herz wachsen.

Zudem gilt es im Rahmen des klassischen Veränderungsmanagements, Ängste zu erkennen und abzubauen, die notwendigen Ressourcen bereitzustellen und dann auch die Motivation und das Durchhaltevermögen aufzubringen.

Natürlich können Sie auch in roten Ozeanen Erfolg haben. Aber meist resultiert der jetzige Erfolg im roten Ozean daher, dass Sie irgendwann einmal begonnen haben, die anerkannten Regeln Ihres Marktes zu brechen, und Elemente der Blue Ocean Strategy angewendet haben. Wann machen Sie das wieder? Das Neue sprengt Grenzen.

Literatur

Vgl. Kim, C.W., Mauborgne, R.: Blue ocean strategy. How to create uncontested market space and make the competition irrelevant. Boston (2005)

Mit Konfuzius in die Best-Practice-Falle

> *Wenn uns etwas aus dem gewohnten Geleise wirft, so denken wir,*
> *alles sei verloren. Aber dabei beginnt doch nur etwas Neues und*
> *Gutes.*
> *Leo N. Tolstoi, Krieg und Frieden*

Vor einigen Jahren habe ich an einer chinesischen Partneruniversität unterrichtet. Es war im Vorfeld der Olympischen Spiele in Peking, und die chinesische Regierung war eifrig damit beschäftigt, Peking für die Spiele „schön" zu machen. Die zerstörerische Kraft des Neuen schlug zu, und große Teile der früheren Altstadt mussten gesichtsloser Architektur weichen. Überhaupt schien das „Alte" in den Augen der Chinesen keinen besonderen Wert zu haben: Auch Tempelanlagen, denen der europäische Betrachter einen hohen kulturellen Wert beimisst, wurden eher danach bewertet, ob sie sich denn attraktiv vermarkten ließen. Die gegensätzlichen Kräfte des Alten, des Bestehenden und des Neuen, des Kommenden sind – nach meiner Wahrnehmung – in China noch nicht in einem glücklichen Gleichgewicht.

In jedem Fall sind Chinesen Anhänger der Best-Practices: Warum ein eigenes Auto entwerfen, wenn man doch wunderbar mit den Einzelkomponenten eines Audi, eines BMW und eines Mercedes experimentieren kann? Wie der Bayernkönig Ludwig II. scheint auch der chinesische Finanzadel eine Schwäche für das Schloss Versailles zu haben und erklärt es zum Vorbild für die eigenen Gemächer. Hierüber kann man sicherlich schmunzeln, über die Vielzahl an Patentverletzungen, die sich infolge der chinesischen Interpretation von Best-Practice-Orientierung ergeben, wohl nicht. Mir hat besonders gut ein Erlebnis auf dem Fußballplatz gefallen: Unser deutsches Hochschulteam spielte gegen eine chinesische Auswahl. Das Trikot der Chinesen war eine farbenfrohe Kombination der Mannschaft von Real Madrid, dem FC Barcelona sowie der argentinischen und brasilianischen Nationalmannschaft. Vorne auf dem Trikot waren die Labels von Adidas, Puma und Nike angebracht – man kann vom Guten nie genug haben!

© Springer Fachmedien Wiesbaden 2015
A. Schutkin, *Das Geheimnis des Neuen: Wie Innovationen entstehen,*
DOI 10.1007/978-3-658-07640-5_13

Routine sucht Orientierung

Es scheint zunächst eine gute Idee, sich an anerkannten und für „gut" befundenen Lösungen zu orientieren. Best-Practice gibt Orientierung und Entscheidungssicherheit. Bei Routinearbeiten ist das eine effiziente Vorgehensweise. Wieso sollen wir das Rad neu erfinden? Alle Routiniers werden hier zustimmen. Für gut befundene Prozesse, Instrumente, Tools und Vorgehensweisen können und sollten adaptiert werden – solange wir von Routinetätigkeiten sprechen!

Eine weitere, unter Routiniers sehr beliebte Managementmethode ist Benchmarking. Im Krisenjahr 2008 befragte der „Harvard Business Manager" 1430 Führungskräfte aus der ganzen Welt nach den von ihnen favorisierten Managementtools: Benchmarking kam auf Platz 1![1] Es liegt in der Natur des Menschen, sich zu vergleichen. Beim Benchmarking vergleicht man Elemente und Einzelkompetenzen des eigenen Unternehmens mit einem internen oder externen Referenzrahmen, der für die spezielle Kompetenz als führend eingestuft wird, als „Benchmark". Dann versucht man in einem zweiten Schritt, der Benchmark näher zu kommen und den Abstand zu verkleinern. Sich zu vergleichen und sich an jeweils Besten zu orientieren, ist eine sehr menschliche Eigenschaft. Wir orientieren uns an Vorbildern und vergleichen uns mit anderen. Dass wir dann auch ganze Unternehmensteile miteinander vergleichen, ist eine logische Weiterentwicklung. Die Lerneffekte sind offensichtlich, wie bei Best-Practice gibt Benchmarking Orientierung und einen Standard vor, dem es nachzueifern gilt.

Beide Ansätze setzen im Kern sehr stark auf Optimierung und geben Sicherheit, weil sie sich an etwas bereits Bewährtem orientieren. Es gibt eine Soll-Vorgabe und damit ein klares Ziel, das es anzustreben gilt. Ideal, um Effizienzgewinne in Routinetätigen zu garantieren – aber kann mit diesen, von vielen Managern gerne praktizierten Methoden Neues entstehen?

Leipziger Allerlei ist nicht neu

Benchmarking und Best-Practice sind keine Ansätze, in denen das eigene Gestalten im Mittelpunkt steht. Es geht nicht primär um den eigenen Weg, das eigene Ding. Am ehesten wird das wirklich Neue noch durch das generische Benchmarking gefördert, wenn das Referenzobjekt nur wenig mit dem eigenen Unternehmen gemeinsam hat. Und auch die „Verknüpfereigenschaft", die wir ja als „Abenteurereigenschaft" beschrieben haben, wird durch die Ansätze gefördert. Die grundsätzliche Haltung der beiden Ansätze ist allerdings nicht zukunftsorientiert. Das kann ein Problem werden, wenn es um die strategische Ausrichtung geht. Ein nach wie vor sehr praktikabler Ansatz zur Definition (und auch zum Controlling) der eigenen strategischen Grundausrichtung sind Porters Wettbewerbsstrategien. Das Modell zeigt die grundlegenden strategischen Stoßrichtungen auf, um als Unternehmung erfolgreich zu sein. Erstens als Kostenführer, der seine Kostenvorteile in Form von günstigen Preisangeboten an seine Kunden weitergibt und deshalb erfolgreich

---

[1] Vgl. Harvard Business Manager, Heft Juni 2009, S. 8–11.

sein kann. Zweitens als Spezialist in der Nische, der über ein tiefes Sortiment verfügt und fachkundig berät. Und drittens über eine Differenzierungsstrategie.

Unternehmen, die dem Leitbild des Kostenführers nachstreben, finden sich in Best-Practice und Benchmarking wieder. Um als Kostenführer erfolgreich zu sein, gilt es, die gesamte Wertschöpfungskette möglichst kostenoptimiert darzustellen. Vergleich und stetige Optimierung entlang der einzelnen Wertschöpfungskomponenten gehören zum Pflichtprogramm, um die Position des Kostenführers zu erlangen und zu verteidigen. Natürlich müssen auch Nischenanbieter und Unternehmen, die der Differenzierungsstrategie folgen, kostenoptimiert arbeiten, um wettbewerbsfähige Preise anbieten zu können. Das ist aber nicht der entscheidende Erfolgsfaktor. Vielmehr geht es darum, eine aus Kundensicht kaufentscheidende Eigenschaft zu besitzen und zu kommunizieren. Bei den Nischenanbietern sind dies das bereits angesprochene Fachwissen, der Service sowie das tiefe Sortiment. Bei den Anbietern, die der Differenzierungsstrategie folgen möchten, ist es die Singularität des Angebots. Dabei bedeutet Singularität nicht primär, „anders" zu sein. Es bedeutet, dass der Kunde bereit ist, für diese Eigenschaft (mehr) Geld zu bezahlen. Wenn Sie als Autobauer nur lila Autos anbieten, sind Sie zweifelsohne „anders" – ob Sie deswegen auch mehr Geld für Ihre Autos bekommen, ist eine andere Frage. Singularität bezieht sich beispielsweise auf eine Marke, eine herausragende Qualität, einen speziellen Service oder eine besondere Produkt- oder Dienstleistung – alles, was dem Kunden mehr wert ist und wofür er mehr zahlt. Wenn sich nun aber im Rahmen von Best-Practice und Benchmarking alle Anbieter innerhalb einer Branche an gleichen Vorbildern orientieren und mit ähnlichen Referenzrahmen vergleichen – wie kann dann Singularität entstehen?

Wahrscheinlicher ist, dass das Ergebnis dieser Orientierung an einem äußeren Bezugsrahmen ein „Leipziger Allerlei" wird: ein Eintopf, in den alles hineinkommt, was man bei anderen gesehen hat und übernehmen möchte. Die Strategie kommt nicht mehr aus dem Inneren der Unternehmung selbst, sondern wird durch Außenorientierung geprägt. Die Chance zur Individualisierung wird vertan, und anstelle der gewünschten Singularität droht die meist tödliche Stuck-in-the-middle-Position.

Don't ask your Costumer

14

> *Wenn ich meine Kunden gefragt hätte, was sie sich wünschen,*
> *hätten sie geantwortet: ein schnelleres Pferd.*
> *Henry Ford*

Schmecken Ihnen eigentlich getrüffelte Seeallgen? Und wie viel wären Sie bereit, für ein selbstfahrendes Auto auszugeben? Und möchten Sie eigentlich gerne mal Urlaub auf einer Bohrinsel machen? Natürlich ist Marktforschung nicht so plump und die Herangehensweise an den Kunden geschickter und psychologisch ausgereift. Aber was hätten Sie im Jahre 2005 beispielsweise auf die Frage geantwortet: „Würden Sie ein iPhone kaufen?"

Die ersten iPhones kamen im Jahr 2007 auf den Markt. Was hätten Sie also vermutlich zwei Jahre früher geantwortet? Wenn Sie damals nicht zu den glühenden Apple-Anhängern gehörten, hätten Sie vermutlich geantwortet, dass Sie ohne ein iPhone bestens leben könnten und kein solches Gerät benötigten. Und heute, nur wenige Jahre später? Ist für viele von uns das iPhone ein fester Bestandteil des täglichen Lebens und ein ständiger Begleiter, und wie selbstverständlich nutzen wir die Funktionalitäten, die noch vor Kurzem für uns neu waren. Seien Sie also froh, dass Steve Jobs damals seine Kunden nicht befragt hat!

Natürlich ist dies nicht die ganze Wahrheit. Im zweiten Kapitel haben wir bereits festgehalten, dass es sehr wohl Sinn macht, seine Kunden zu befragen, wenn es um Verbesserungen, Erweiterungen und Optimierungen geht. Kundenorientierung ist essenziell bei Verbesserungsinnovationen. Der Kundenkreis kann hierbei wertvolle Unterstützung leisten und sollte in jedem Fall Gehör finden. Grundlage dieser Kundenbefragung ist das Bekannte, und hierfür ist der Kunde ein Experte.

Aber wir haben auch festgestellt, dass Produkte, die heute technologisch noch wenig attraktiv und dem Kunden heute noch keinen Grund geben, sie zu kaufen, den Kundenbedürfnissen in Zukunft unter Umständen genügen werden. Sie erinnern sich an die soge-

© Springer Fachmedien Wiesbaden 2015
A. Schutkin, *Das Geheimnis des Neuen: Wie Innovationen entstehen,*
DOI 10.1007/978-3-658-07640-5_14

nannten disruptiven Technologien? Die tatsächlichen Entwicklungspfade gehen oftmals in eine andere Richtung als in der Einschätzung der Kunden. Bei disruptiven Technologien kann Kundenorientierung in die Falle führen.

Wie hilfreich sind Kundenbefragungen, wenn es nun nicht um eine Verbesserung, ein Update oder eine Erweiterung, sondern um etwas „echt" Neues geht? Können wir von unseren Kunden erwarten, dass diese uns bei der Beurteilung einer neuen Sache zuverlässig Hilfestellung geben können? Was kann eine Kundenbefragung leisten, wenn der Befragungsgegenstand tatsächlich neu ist, wenn es sich dabei um eine radikale Innovation handelt? Können wir von Außenstehenden erwarten, dass sie uns zu etwas tatsächlich Neuem raten werden? Oder ist es nicht so, dass es unsere Aufgabe ist, die Kunden an unser Neues heranzuführen? Den Kunden unser Denken zu erklären, ihnen zu verdeutlichen, welche persönlichen Vorteile ihnen das Neue bietet. Den Kunden Angebote zu unterbreiten, statt von Kundenseite Aufforderungen zu erwarten. Den Kunden führen und verführen. Selbst führen, statt Führung zu erwarten.

Nochmals: Dies ist kein Aufruf, das Neue bewusst an Kundenbedürfnissen vorbei zu entwickeln. Sondern es ist ein Aufruf, die Verantwortung für Neues nicht auf die Kunden abzuschieben. Es ist ein Aufruf, den (vermeintlichen) Kundenwünschen nicht blind zu folgen und sich wie Lemminge kollektiv von der Klippe zu stürzen. Hören Sie Ihren Kunden gut zu und dann gestalten Sie. Stellen Sie sich vor, wie Ihre Kunden das Neue nutzen, wie sie es anwenden und wie sie das Neue inspiriert und begeistert. Die Initiative und die Ausgestaltung des Neuen müssen von Ihnen selbst kommen, die Bilder müssen in Ihrem Inneren entstehen. Sie müssen Ihr Inneres preisgeben und mit den Kunden Ihre Sicht der Welt teilen. Sie sind Vermittler, Sie zeigen neue Betrachtungsweisen auf. Steve Jobs hat mit dieser Haltung Apple zum wertvollsten Unternehmen der Welt gemacht. Nur die wenigsten Kunden hätten bei einer Befragung vermutlich geantwortet, dass sie von einem Telefon mit intuitiver Bedienung, ohne „echte" Tastatur und ohne Bedienstift träumen. Steve Jobs hat es ihnen beigebracht. Und die wenigsten Kunden hätten bei einer Befragung von iTunes vermutlich geantwortet, dass sie bereit sind, 99 Cent für einen Musiktitel im Download auszugeben, da es auch schon kostenfreie Downloads gäbe. Steve Jobs hat es ihnen beigebracht.

Das Neue muss verkauft werden. Dem Kunden muss aufgezeigt werden, dass unser Neues sein Problem lösen kann. Dabei ist es manchmal erforderlich, ein Problembewusstsein erst zu schaffen. Dem Kunden muss aufgezeigt werden, dass unser Neues betriebswirtschaftliche oder persönliche Werte schaffen kann. Das müssen wir ihm beibringen. Dabei sollten wir die Messlatte an das Neue gerne hochlegen. Michelangelo soll einmal gesagt haben: „Die größte Gefahr besteht für die meisten von uns nicht darin, ein Ziel hoch anzusetzen und zu scheitern. Sondern es zu niedrig anzusetzen und zu erreichen."

Der Kunde hat nicht immer recht, schon gar nicht bei Neuem.

Neue Zeiten: Erwachsen sein 15

> *Don't know what I want, but I know how to get it.*
> The Sex Pistols

Das Internet hat die Grundlagen der Kommunikation neu definiert. Wir haben uns schnell daran gewöhnt, dass wir an einem Samstagvormittag mit einem Cappuccino und einem Croissant in unserem Lieblingscafé sitzen und mittels Tablett-PC gute Freunde, die gerade Urlaub auf Bali machen, mittels Skype an unseren Tisch holen. Die Fotos ihrer gestrigen Tempelbesichtigungen haben wir uns zuvor in Facebook angesehen. Wir genießen die neuen Möglichkeiten und die gewonnenen Freiheiten. Die Welt rückt näher zusammen, Bali wird faktisch zur Nachbarinsel.

Die neuen Kommunikationskanäle haben auch die Strukturen der Zusammenarbeit völlig verändert. Wenn Sie heute die Hotline Ihres Internetproviders anrufen, meldet sich am anderen Ende der Leitung womöglich ein Servicemitarbeiter aus Bratislava oder Mumbai. Die Leistung wird immer öfter an dem Ort erbracht, an dem die Kosten am niedrigsten sind. Neue Informations- und Logistiksysteme machen dies möglich. Aber auch auf Mikroebene hat sich das Zusammenarbeiten verändert. Wenn Sie fest angestellt sind, versuchen Sie wohlmöglich, Ihren Chef gerade davon zu überzeugen, dass Sie beispielsweise am Freitag von zu Hause aus arbeiten sollten. Einen Laptop, einen E-Mail-Zugang und ein Mobiltelefon haben Sie – es kann also losgehen. Zudem könnten Sie die Aufgaben bei Bedarf dann auch am Sonntag fertigstellen, die Ergebnisse werden ja erst am Montag benötigt. Die Grenzen von Raum und Zeit weichen immer mehr auf. Die Trennung von Beruflichem und Privatem schwindet. Selbstständige haben früher gelernt, damit umzugehen, was nicht heißt, dass es allen leichtfällt. Bemerkenswert ist, dass sich die Arbeitsformen immer mehr annähern: Viele abhängig Beschäftigte wünschen sich, dass sie auch zu Hause arbeiten können, während viele Freiberufler von zu Hause in Bürogemeinschaften und Coworking-Einrichtungen fliehen. Wir suchen offensichtlich alle nach einer Balance.

© Springer Fachmedien Wiesbaden 2015
A. Schutkin, *Das Geheimnis des Neuen: Wie Innovationen entstehen*,
DOI 10.1007/978-3-658-07640-5_15

Neu zusammenarbeiten

Eine weitere neue Komponente ist, dass private Endgeräte wir Smartphones und Tablett-PCs auch immer mehr beruflich genutzt werden. Die Folge ist eine zunehmende Vermischung von privater und beruflicher Kommunikation am Arbeitsplatz, die auch für Unternehmen eine neue Herausforderung ist. Unter dem Schlagwort „Bring Your Own Device" versuchen Unternehmen derzeit, Vorgaben für ihre Mitarbeiter zu erarbeiten, wie und in welchem Ausmaß private Endgeräte auch beruflich genutzt werden können. Ohne auf die Details eingehen zu wollen: Bring Your Own Device ist ein Resultat der Veränderungen, die sich durch zunehmende Mobilität ergeben haben und noch ergeben werden. Der Megatrend Mobilität wird unsere Lebens- und Arbeitswelt nachhaltig verändern und auch neue Formen des Zusammenarbeitens schaffen. Wir stehen hier wohl erst am Anfang einer Entwicklung, für die Unternehmen und auch Arbeitnehmer neue Modelle des Zusammenarbeitens benötigen.

Die meisten Unternehmen versuchen bereits heute, den Wünschen der Mitarbeiter nach mehr Flexibilität, Eigenverantwortung und Selbstbestimmung zu entsprechen, und sind für neue Arbeitsformen offen. In vielen Unternehmen gibt es mittlerweile Vertrauensarbeitszeit, was im Kern bedeutet, dass eine automatische Zeiterfassung von Unternehmensseite unterbleibt. Aus arbeitsrechtlichen Gründen ist nach wie vor eine vertraglich fixierte Arbeitszeit zu leisten, diese wird aber nicht minutiös kontrolliert. Beurteilungsmaßstab für die Leistung des Einzelnen ist, ob dieser seine mit der Führungskraft abgestimmten Ziele erreicht. Neu daran ist, dass Zeit und Ort der Verrichtung an Bedeutung verlieren. Das „Wo" und das „Wann" spielen eine geringere Rolle. Es ist noch nicht lange her, dass Büropräsenz in den Abendstunden als notwendige Voraussetzung für alle Karriereorientierten galt. Ein Freund erzählte mir kürzlich von seinem damaligen Berufsbeginn in einer Wirtschaftsprüfungsgesellschaft: Nach einem intensiven Arbeitstag wollte er gegen 19.30 Uhr abends gehen, er war mit seiner Freundin im Theater verabredet. Als sein Vorgesetzter sah, dass er sich Richtung Ausgang bewegte, merkte dieser an: „Wenn Sie sich einen Kaffee holen möchten, bringen Sie mir bitte gleich einen mit." Heute können wir darüber lachen.

Vertrauensarbeit ist zweifelsohne ein wichtiger Schritt in die richtige Richtung. Die Eigenverantwortung und die Eigenorganisation der Mitarbeiter werden gefördert, Kontrollen weitgehend abgebaut. Kritiker führen indessen stets an, dass Vertrauensarbeit letztlich nur eine schöne Verpackung dafür ist, dass Mitarbeiter deutlich mehr arbeiten, ohne dass ihnen diese Mehrarbeit in Freizeit oder Geld vergütet wird. Und sie merken an, dass mache Mitarbeiter gar nicht mit dieser neuen Freiheit umgehen könnten. Hierbei ist weniger gemeint, dass Mitarbeiter das System ausnutzen, sondern dass es nicht allen Mitarbeitern leicht gelingt, mit diesem Vertrauensvorschuss und der gewonnenen Freiheit zurechtzukommen. Indessen sind es viele Mitarbeiter gar nicht gewohnt, Verantwortung zu übernehmen und Entscheidungen für sich selbst zu treffen. Die unternehmerische Komponente im Angestelltenverhältnis nimmt zu. Mitarbeiter müssen an diese Arbeitsweise herangeführt werden.

Alles Semco?

Wie weit geht aber nun das Vertrauen von Unternehmen in ihre Mitarbeiter wirklich? Was trauen Sie Ihren Mitarbeitern tatsächlich zu? In diesem Buch möchte ich mit dem Begriff „Benchmark" zurückhaltend umgehen, mache jetzt aber eine Ausnahme. Das brasilianische Unternehmen Semco halte ich in diesem Zusammenhang für eine echte Orientierung. Ich sage bewusst nicht Vorbild, weil ich das Semco-Modell nur beschreiben möchte und die Bewertung Ihnen überlassen möchte. Lesen Sie das Folgende und lassen Sie es auf sich wirken. Sie sind herzlich eingeladen, sich von dieser Reise durch die Semco-Welt inspirieren zu lassen.

Semco ist ein brasilianisches Produktions- und Dienstleistungsunternehmen mit über 3000 Beschäftigten. Das Unternehmen hat in den 1990er Jahren die Unternehmens- und Führungskultur radikal verändert. Der heutige Unternehmensleiter Ricardo Semmler hat diese Prinzipien in seinem Buch „Das Semco System" dargelegt, auf das ich mich nun beziehe[1]. Sobald Ricardo Semmler seine Unternehmensphilosophie vorstellt, wird er mit zwei Fragen konfrontiert: „Machen Sie das wirklich?" und „Funktioniert das wirklich?" Die Antworten hierzu: „Ja, wir machen das wirklich so, und ja, wir sind damit sehr erfolgreich." Was ist also so einzigartig an Semco?

Semco lebt eine radikale Demokratisierung der Führungsstrukturen, setzt auf konsequente Eigenverantwortung der Mitarbeiter und Entbürokratisierung. Wie sieht das konkret aus? Führungskräfte werden nicht von „Oben" bestimmt, sondern von „Unten" gewählt. Semco denkt, dass die Mitarbeiter am besten einschätzen können, wer aufgrund fachlicher und persönlicher Eignung Führungskraft sein sollte. Führungskräfte werden zweimal im Jahr von „Unten" bewertet und können bei schlechten Resultaten auch abgesetzt werden. Ihre Aufgabe ist es zudem auch eher zu koordinieren, anstatt nach unserer Vorstellung zu führen. Dies sollen die einzelnen Mitarbeiter nämlich in erster Linie selber tun. Es gibt keine festen Arbeitszeiten und keine Anwesenheitszeiten. Es gibt einzelne Teams, die Aufgaben im Team verteilen. Die Erledigung liegt in der Eigenverantwortung eines jeden Einzelnen. Rund ein Viertel der Mitarbeiter, überwiegend Koordinatoren, legt das eigene Gehalt selber fest, was zu keinen besonderen Gehaltssprüngen geführt hat und ausgezeichnet funktioniert. Alle anderen Mitarbeiter werden nach einem Gehaltsspiegel vergütet, an dessen Ausgestaltung die Mitarbeiter selbst beteiligt waren. Alle Unternehmensinformationen sind den Mitarbeitern zugänglich, auch der überwiegende Großteil aller Gehälter wird am Schwarzen Brett veröffentlicht, es sein denn, einzelne Mitarbeiter wünschen dies explizit nicht. Aus den jährlichen Unternehmensgewinnen fließt rund ein Viertel an die Mitarbeiter, die über die Verteilung selbst bestimmen. Bei Einstellungen und Beförderungen haben die anderen Mitarbeiter des Teams ein Informations- und Mitspracherecht. Es gibt kein Organigramm: Sollte es wichtig sein, Strukturen darzustellen, werden diese mit Bleistift skizziert und später wieder gelöscht.

---

[1] Vgl. Semmler (1993); Die amerikanische Originalausgabe heißt: Maverick: The Sucess Story behind the Worlds most Unusual Workplace.

Bürokratie ist auf ein Mindestmaß reduziert, zweimal im Jahr werden alle Akten und Unterlagen, auf die verzichtet werden kann, vernichtet. Wandel wird als etwas Positives gesehen, im Unternehmen finden permanente Veränderungen statt. Es gibt keine Arbeitsplatzsicherheit und Job-Garantien, lediglich ältere Mitarbeiter genießen einen besonderen Schutz. Das Unternehmen versucht, wach zu bleiben!

Ein zentraler Punkt in der Semco-Philosophie ist eine Lösung der verbreiteten „Zeit-Krankheit". Ausgangspunkt der Zeit-Krankheit ist, dass viele Mitarbeiter Ängste am Arbeitsplatz haben: Ängste, den Anforderungen nicht zu genügen, den nächsten Karriereschritt zu verpassen oder den Job zu verlieren. Als Folge dieser Ängste verbringen sie mehr Zeit bei der Arbeit, als die Tätigkeit eigentlich erforderte. Sie sind noch in den Abendstunden in der Firma, um „Flagge" zu zeigen, und nehmen an Meetings teil, damit sie gesehen werden. Sie versuchen, unersetzlich zu werden, und delegieren daher unter Umständen zu wenig oder halten Informationen zurück. Sie nehmen ihren Urlaub nicht oder nicht ganz, da sie ja nicht ersetzbar seien, so die Begründung. Und wenn doch, dann rufen sie aus dem Urlaub regelmäßig an und beantworten ihre E-Mails tagesaktuell vom Ferienhotel aus. Semco-Mitarbeiter müssen ihren Urlaub nehmen und sie sollen sich verzichtbar machen. Anwesenheit ist kein Leistungskriterium, Qualität anstelle von Quantität. Jeder Mitarbeiter entscheidet selbst, wann und wo er seine Leistung erbringt. Meetings sind auf ein Minimum beschränkt, und die Mitarbeiter sollen selbst entscheiden, ob sie daran teilnehmen möchten. Zeit wird bei Semco als etwas Wertvolles gesehen. Mitarbeiter werden explizit aufgefordert, sich jede Woche „Freizeiten" einzutragen, damit sie Zeit haben zum Denken. Eine „Denkzeit", die meist am besten außerhalb der Firma erbracht werden kann.

Es scheint, als habe die Arbeitswelt beschlossen, dass man als Angestellter von 9 Uhr morgens bis 5 Uhr nachmittags seine Zeit in einem Büro zu verbringen und sich den dort üblichen Gepflogenheiten anzupassen hat. Dieser Zeitraum wird dann mit Tätigkeiten gefüllt. Niemand hat wirklich einmal nachgefragt, ob diese Acht-Stunden-Kultur auch Sinn macht, und niemand fragt sich, wie es möglich sein kann, dass weltweit alle Arbeitnehmer genau acht Stunden benötigen, um ihre Aufgaben zu erledigen. „Arbeit dauert immer genauso lange, wie dafür Zeit zur Verfügung steht", lautet das Parkinsonsche Gesetz. Würde es also auch mit beispielsweise sechs Stunden am Tag funktionieren? Finden Sie es heraus.

Semco möchte erwachsene Mitarbeiter, die selbst wissen, was zu tun ist und was nicht. Mitarbeiter sollen Eigenverantwortung übernehmen. Ein schönes Beispiel hierfür ist die Regelung der Reisekosten: Mitarbeiter entscheiden selbst, ob sie Business oder Ecomomy Class fliegen, in welcher Hotelkategorie sie absteigen und in welche Restaurants sie mit Kunden gehen. Niemand kontrolliert die Reisekosten. Die Grundhaltung im Unternehmen ist: Wie können wir Leuten das wertvollste Gut unseres Unternehmens – unsere Kunden – anvertrauen und sie dafür beschäftigen, dass sie verantwortungsvolle Verträge abschließen, wenn wir ihnen nicht zutrauen, über ihre Geschäftsreisen selbst zu entscheiden?

Der Wunsch nach Zeitsouveränität

Erwachsen sein. Das ist eine der Qualitäten, die das heutige Zusammenarbeiten erfordert. Und es gilt für beide Seiten: Die Mitarbeiter müssen lernen, mit den neuen Freiheiten in

Bezug auf Zeit und Raum umzugehen. Hierbei ist es auch notwendig, die verschwommenen Grenzen von Privatem und Beruflichem wieder neu zu definieren. Das Private muss seinen Stellenwert wieder konkreter einfordern und Mitarbeiter müssen verantwortungsvoll mit ihrer Zeit und ihren Ressourcen haushalten. Und sie müssen wieder mehr selbst denken und entscheiden. In Unternehmen muss sich das Menschenbild verankern, dass sie ihre Mitarbeiter wie erwachsene Menschen behandeln: Menschen, die Kinder großziehen, Familien versorgen, sich ehrenamtlich oder politisch engagieren, zur Wahl gehen und Standpunkte vertreten. Denen sie vertrauen und zutrauen und deren Recht auf Zeit außerhalb des Unternehmens verinnerlicht ist. Mitdenker statt Mitarbeiter.

Wie wäre es beispielsweise, wenn Arbeitnehmer ihren Urlaub nach Belieben selber gestalten könnten und so viel Urlaub nehmen könnten, wie sie möchten? Das Internetunternehmen Netflix in den USA tut genau das und hat mit dieser Haltung auch noch Erfolg. Auf Richtlinien und Vorschriften wird bewusst verzichtet. Dahinter steht die Überzeugung, dass Mitarbeiter mehr Verantwortung übernehmen, wenn sie höhere Freiheitsgrade eingeräumt bekommen. Und ihre beste Leistung dann abrufen können, wenn sie unbelastet sind. Das trifft in besonderem Maße auf die Generation der „Umdiedreißigjährigen" zu, die sogenannte Generation Y. Die Lebensentwürfe dieser jüngeren Erwerbstätigen sehen eine Vereinbarkeit von Beruf und Privatem vor, die Erwerbstätigkeit soll ein eigenständiges Leben ermöglichen. Besonders wichtig ist auch die zeitliche Flexibilität. Jutta Allmendinger, Präsidentin des Wissenschaftszentrums Berlin für Sozialforschung, beschreibt es wie folgt: „Die Jungen eint der Wunsch nach Zeitsouveränität." (Allmendinger 2013). Die Generation Y ist anspruchsvoll und stellt hohe Qualitätsanforderungen an sich selbst und an den Arbeitgeber. Sie möchte sich im Beruf wohlfühlen und hat ein großes Bedürfnis nach Selbstbestimmung und Mitbestimmung. Die Grenze zwischen Beruf und Privatem ist fließend. Von den Unternehmen erwarten diese Menschen, dass sie auf ihre Bedürfnisse eingehen und Flexibilität und Freiräume großschreiben. Und sie hinterfragen und stellen in Frage, wollen Feedback, Austausch, Optionen, Sinnhaftigkeit und Mitsprache. Die demografische Entwicklung spielt ihnen dabei in die Karten, sie profitieren davon, dass es weniger von ihnen gibt, als der Arbeitsmarkt benötigte. Der demografische Wandel, global agierende Unternehmen, zunehmende Mobilität, moderne Geschlechterrollen und eine Generation der jungen Menschen, die im Job Spaß haben möchte: Das verspricht viel Neues in unseren Arbeitswelten.

Literatur

Allmendinger, J.: Jutta Allmendinger in einem Interview. *Die Zeit.* 11, 25 (2013)
Semmler, R.: Das Semco System. Management ohne Manager. Das revolutionäre Führungsmodell, München (1993)

Teil II
Entdecken Sie das Neue

Jedes Unternehmen braucht einen Chief New Officer (CNO) — 16

Was brauchen wir? Allgemeine Lust am Neuen! So einfach.
Solange wir die nicht haben, muss sich das Neue gegen unsere
allgemeine Unlust durchbeißen.
Gunter Dueck

Im ersten Teil dieses Buches habe ich versucht, Sie dafür zu sensibilisieren, dass es sowohl Unternehmensaufgaben gibt, die in Routinen am besten aufgehoben sind, als auch solche Aufgaben, die ein neues Denken erfordern. Beide Bereiche sind überlebensnotwendig für ein Unternehmen. Routinen verdienen Geld und garantieren die heutige Unternehmensfinanzierung. Denken Sie an die vielzitierte BCG-Matrix: Erfolgreiche Routiniers managen die Cash Cows, Abenteurer sind bei den Question Marks am besten eingesetzt.

Im zweiten Teil dieses Buches möchte ich Ihnen Impulse und Orientierung für eine neue Unternehmensausrichtung geben. Eine Konsequenz aus dem ersten Teil ist, dass jedes Unternehmen einen CNO – einen Chief New Officer – installieren sollte. Das ist neu. Ein CNO ist eine Person, die es sich zur Aufgabe gemacht hat, ein Fürsprecher des Neuen im Unternehmen zu sein – ein Mentor für das Neue, sein Förderer. Ein CNO ist der Anwalt des Neuen. Sein Wirken nach innen und nach außen soll in diesem Kapitel beschrieben werden.

Der CNO in der Organisation

Bitte entschuldigen Sie meine Anglizismen und dass ich nun im Folgenden den angelsächsischen Begriffen folge. Ich persönlich finde „CNO" prägnanter als Vorstand und Geschäftsführer für Neues, aber es geht natürlich nicht um die Bezeichnungen, sondern um die Inhalte.

Ich rate Ihnen, im Unternehmen „Neues" und „Bekanntes" zunächst bewusst zu trennen. Ziehen Sie einen dicken Trennstrich zwischen beiden Bereichen. Es hilft, sich das

© Springer Fachmedien Wiesbaden 2015
A. Schutkin, *Das Geheimnis des Neuen: Wie Innovationen entstehen*,
DOI 10.1007/978-3-658-07640-5_16

Abb. 16.1 Der CNO in der Organisationsstruktur

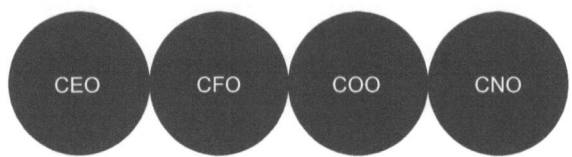

aufzuzeichnen, beispielsweise indem Sie ein Organigramm skizzieren. Eine einfache Skizze der obersten Führung mit einem CNO könnte dann in etwa so aussehen wie in Abb. 16.1.

Wichtig ist das „C" bei dem obersten Fürsprecher für das Neue: Der „Chief New" steht hierarchisch auf der obersten Führungsstufe. Es ist dabei nicht erheblich, mit welcher disziplinarischen Macht die Stelle ausgestattet ist und wie viele Mitarbeiter ihr unterstellt sind. Es ist erheblich, dass der CNO als Repräsentant des Neuen bei Entscheidungen der obersten Führungsebene mit am Tisch sitzt und das Neue auf oberster Ebene Gehör findet und Einfluss nehmen kann.

Der CFO verantwortet bekanntlich den Finanzbereich, dem CEO obliegt die strategische Führung des Unternehmens und die Vertretung des Unternehmens nach außen. In einem deutschen Unternehmen wäre er der Vorsitzende der Geschäftsführung. Der COO leitet das Tagesgeschäft. Ihm unterliegen die operativen Kernbereiche eines Unternehmens. Er ist der Herrscher über Prozesse und Strukturen und steht in Planverantwortung. Sein Blick ist nach innen gerichtet: Er ist ein umsetzungsstarker Macher, dessen Stärke es ist, die täglichen, wöchentlichen, monatlichen und jährlichen Routinen möglichst gewinnbringend abarbeiten zu lassen. In unserer Denkweise ist er der oberste Routinier eines Unternehmens und als solcher Garant für die Unternehmensfinanzierung. Die erzielten Leistungen in seinem Wirkungsfeld sind nach den „klassischen" Kriterien wie Umsätzen, Kosten, Deckungsbeiträgen, Mengen usw. zu bewerten; Prozessoptimierungen, Projektmanagement und Planerreichung prägen den beruflichen Alltag. Erfolgreiche Routinen sind die Basis für Unternehmenserfolg, das wertvolle Fundament. Allerdings kann Neues sich unter diesen Rahmenbedingen kaum entfalten. Deshalb sollte jedes Unternehmen als Gegengewicht zum Leiter des Tagesgeschäfts einen obersten Verfechter des Neuen in seinen Reihen haben.

Wirkungsgebiete des CNO

Abbildung 16.2 ist der Versuch, mögliche Wirkungsgebiete eines CNO darzustellen. Die aufgezählten Punkte sind dabei nicht abschließend, und ich habe bewusst darauf verzichtet, eine Checkliste zu erstellen. Mögliche Wirkungsgebiete des CNO nach außen und innen zeigt Abb. 16.2.

Wirkungsgebiet nach außen	
	Erfassen und verarbeiten von Neuem in der eigenen und besonders in fremden Branchen
	Aufbau und Pflege von Kooperationen und Austausch mit innovativen Unternehmen aus anderen Branchen
	Förderung von gemeinsamen Forschungs- und Entwicklungsvorhaben mit anderen Marktteilnehmern
	Austausch und Förderung von ausgewählten Start-up-Unternehmen
	Öffnung des Unternehmens nach außen
	Initiative zur Gründung neuer Geschäftsberei- che sowie neuer Unternehmen
Wirkungsgebiet nach innen	
	Kommunikation und Vermittlung neuer Ideen im eigenen Unternehmen
	Schutz von Mitarbeitern, die sich mit Neuem beschäftigen sollen
	Budgets und Verständnis für Experimente, Risiken, Fehler
	Wächter und Mahner bei Erfolgen
	Fürsprecher des Neuen in der obersten Unternehmensführung
	Schnittstellenfunktion: Unterstützung vom Übergang des Neuen in das Tagesgeschäft

Abb. 16.2 Mögliche Wirkungsgebiete eines CNO nach außen und nach innen

Der Robin Hood für das Neue

Der CNO ist eine Art Robin Hood für das Neue. Der berufliche Hintergrund ist dabei nicht entscheidend, auch in technischen Unternehmen könnte der CNO beispielsweise aus dem kaufmännischen Bereich, dem Marketing, dem Vertrieb oder der Beratung kommen. Ent- scheidend sind Neugier und Querdenkerfähigkeiten, die diesen Namen auch verdienen, sowie Gestaltungs-, Kommunikations- und Durchsetzungsstärke. Er ist Vordenker sowie Tabubrecher und versteht seine Aufgabe darin, Rahmenbedingungen innerhalb und außer- halb des Unternehmens zu schaffen, damit dass Neue auf die Welt kommen kann.

Nach innen hat er auch eine Schnittstellen- und Moderationsfunktion. Mit diplomati- schem und politischem Geschick muss er die Notwendigkeit des Neuen klar postulieren und darf dabei das Unternehmen nicht spalten. Von den Zwängen des Tagesgeschäftes weitgehend befreit, kann er in den Routinebereichen Aufklärung betreiben und mög- liche Missverständnisse und Barrieren beseitigen. Neues und Routinebetrieb stehen in einem Unternehmen in etwa so zueinander wie in einem Restaurant Köche und Kellner. Beide Bereiche beanspruchen jeweils die Lorbeeren für sich, sind sie es doch, die den Gast glücklich machen. Oder auch das Marketing und der Vertrieb, die jeweils für sich beanspruchen, den Kunden für das Unternehmen gewonnen zu haben. Häufig auch die Produktentwicklung und der Vertrieb, die sich beide gerne Verkaufserfolge zuschreiben lassen. Die Liste ließe sich beliebig fortsetzen. Die Wahrheit ist: Man braucht stets beides.

Der CNO hat die Aufgabe, die Welt der Routinen und die Welt des Neuen zu vereinen. Wir haben uns in diesem Buch bereits das Bild von „Yin" und „Yang" geliehen, die beiden Pole, die sich gegenseitig brauchen, um zusammen etwas Großes zu leisten. Und die erforderlich sind, um etwas zu stabilisieren und in ein gutes Gleichgewicht zu bringen.

Bevor der CNO die beiden Pole verbinden kann, muss er sie zunächst trennen. Auch eine räumliche Trennung kann wertvoll sein. Ich habe einmal für ein Maschinenbauunternehmen aus der Halbleiterindustrie gearbeitet. Unser Hauptwettbewerber hat für seine besten Entwickler regelmäßig eine Art größere Garage außerhalb des Unternehmens angemietet. Dort konnten sie entwickeln, ausprobieren, experimentieren und sich nach Herzenslust austoben. Es gab natürlich regelmäßige Kommunikation mit dem Headquarter. Produktmanagement, Marketing und Vertrieb mussten ja über Entwicklungen informiert werden. In den Abstimmungsgesprächen wurden die Argumente der Techniker stets wertschätzend behandelt und geachtet. Auch lagen Entscheidungen im Zweifelsfall bei der Entwicklung. Die so hervorgebrachten Produkte waren zumeist ein technischer Quantensprung, technisch sehr stabil und begeisterten die Kunden. Überraschenderweise waren die Produkte auch stets genauso schnell fertig wie in solchen Entwicklungen, in denen es ein professionelles Projektmanagement mit engen Zeitplänen, Meilensteinen und Statusreporten gab – nur waren sie einfach besser.

Auf diese Art können Sie Techniker wirklich für ihre Arbeit begeistern und motivieren. So bringen Sie Freude, Spaß und Kreativität in Ihre Entwicklung zurück. Lassen Sie das Neue seine Strukturen selber schaffen und vertrauen Sie.

In manchen Unternehmen gibt es die Bezeichnung des Vice President Innovation. Aufgabe des VP Innovation ist es, das Thema Innovation „endlich mal richtig anzugehen". Innovationen zu managen. Innovationsprozesse zu schaffen und KPIs einzuführen, um das Ganze endlich steuern und controllen zu können. Genau das Gegenteil beinhaltet mein Bild von einem wahren Vorkämpfer für das Neue: Er soll nicht Prozesse schaffen, er soll sie stattdessen abschaffen. Er soll nicht aufräumen und ordnen, er soll die kreative Unordnung fördern und zulassen. Er soll etwas fördern, was einfacher klingt, als es ist: das Loslassen.

Wir Kaufleute, ich bin selbst einer, neigen gerne dazu, Technikern mit einer Spur Arroganz zu begegnen. In unseren Köpfen pflegen wir überzeugt das Klischee vom leicht weltfremden Ingenieur, der in seiner eigenen, kleinen Welt Detailarbeit leistet, während wir Kaufleute heroisch auf den globalen Schauplätzen der Welt kämpfen. Die großen Schlachten schlagen wir Kaufleute, in den internationalen Verhandlungsräumen dieser Welt. Zum Wohle der Firma und zum Wohle des Shareholder Values.

Erinnern Sie sich noch an Jürgen Schrempp? Schrempp war einmal der CEO von Daimler. In seine Amtszeit fällt beispielsweise die Vorgabe, dass die Firmensprache in Stuttgart Englisch sein sollte. Nun ist es einerseits sicherlich lobenswert, wenn die Mitarbeiter an ihren Sprachkenntnissen arbeiten. Das stärkt und fördert ihre persönliche Entwicklung und ihre internationalen Einsatzmöglichkeiten. Und es hält geistig wach. In einem Unternehmen gibt es vielerlei Gebiete, in denen gute Englischkenntnisse eine Stärke sind und Voraussetzung zur Zusammenarbeit. Andererseits kann man sich vorstellen, dass es Arbeitsbereiche gibt, in denen es wenig zielführend ist, wenn Mitarbeiter Englisch miteinander sprechen, Werker am Fließband beispielsweise. Oder auch in manchen Entwicklungsbereichen, in denen „Schwäbisch" ein kultureller Erfolgsgarant war und heute wieder sein darf.

Entwickler brauchen selten Hilfestellung dieser Art von ehrgeizigen Kaufleuten. Und Ingenieure sind heute (leider) soweit sozialisiert, dass ihnen die finanziellen und zeitlichen Budgetrestriktionen ihrer Arbeitgeber vertraut sind und sie daran nicht permanent erinnert werden müssen. Sie benötigen keine neuen Werkzeuge und Tools, sondern Raum und Ruhe. Diese Rahmenbedingungen zu schaffen, ist Aufgabe eines CNO. Eine räumliche Trennung und organisatorische Herauslösung aus der Gesamtstruktur ist ein wichtiger Schritt, diesen Schutz herzustellen. Mieten Sie also wieder Garagen an!

Trennen Sie Routinen und Neues
Ein Unternehmen sollte Routinen und Neues bewusst trennen. Diese Gestaltungsentscheidung obliegt dem CEO. Die Denkweisen, Haltungen und Einstellungen in den beiden Bereichen sind grundverschieden.

Abbildungen 16.3 und 16.4zeigt eine Gegenüberstellung der Denkweisen von COO und CNO anhand einzelner Kriterien.

Aus Sicht der Organisationslehre könnten COO und CNO auch in einer Matrixstruktur organisiert sein. In einer Matrixstruktur orientieren sich die Mitarbeiter an zwei gleichrangigen Weisungsbefugten, in unserem Fall dem Routinen repräsentierenden COO sowie dem für das Neue und die Erneuerung stehenden CNO. Diese Matrixstruktur wäre für die Mitarbeiter als Vorgabe zu verstehen, dass sie ihre Arbeit stets gleichsam an den Spielregeln der Routinen sowie auch den Spielregeln des Neuen ausrichten müssen. Die Schwerpunkte der beiden Einflussfaktoren sind dabei stellenspezifisch unterschiedlich. Der Aspekt des Trennens und des Zusammenführens kommt auch in einer Matrixstruktur zum Tragen.

Eine Stabsfunktion käme für einen CNO ebenfalls in Frage. Angesiedelt beim CEO, könnte er aus dem Zentrum der Macht heraus agieren.

Zurück zu der inhaltlichen Ausgestaltung der Position: Im ersten Teil dieses Buches haben wir uns mit Begriffen wie dem Dornröschen-Effekt sowie dem Red-Queen-Effekt beschäftigt. Beide haben mit einer gewissen „Wellnesshaltung" zu tun, in welche besonders gerne erfolgreiche Unternehmen verfallen können. Das Unternehmen beschäftigt sich mit Routinen und das Neue schläft (Dornröschen) oder ist, wie im Red-Queen-Effekt beschrieben, damit beschäftigt, den Status quo gegenüber den Wettbewerbern zu verteidigen. Das Neue geht quantitativ und qualitativ zurück, auch in seiner Vielfalt. Hier ist ein CNO gefordert.

Für den Routinebereich eines erfolgreichen Unternehmens macht es wenig Sinn, sich mit disruptiven Technologien zu beschäftigen. Für einen CNO schon: über die Gründung eigener, unabhängiger Geschäftsbereiche oder über ein eigenes Unternehmen. Oder auch mittels Beteiligungen an aussichtsreichen Start-up-Unternehmen.

Ein CNO muss im ganzen Unternehmen wirken. Er ist ein Erneuerer, ein Wachrüttler und fordert neue Ideen und neue Herangehensweisen auch in der strategischen Ausrichtung, im Marketing, im Vertrieb, in der Personalauswahl und der Produktion sowie in allen weiteren Segmenten, in denen Neues das Unternehmen voranbringen kann – als ein Robin Hood für das Neue.

Einstellung gegenüber ...	COO (Routinier)	CNO (Abenteurer)
...Führung	Durch messbare Zielvorgaben	Durch die Auswahl der „richtigen" Mitarbeiter und hohe Freiheitsgrade
...Kennzahlen	Klassische Kennzahlen	Vertrauen
...Fehlern	Fehlervermeidung	Auch Misserfolge können wertvoll sein
...Risiken	Zu viel Risiken sind gefährlich	Zu wenig Risiken sind gefährlich
...Pläne	Glauben an hohe Planbarkeit	Vermutung geringer Planbarkeit in Einzelfällen, Akzeptanz von Zufällen, Glück
...Ziele	Stets direkte Ziele, Ziele sind unverrückbar, Zielerreichung auf direktem Weg, Drang nach Messbarkeit	Häufig indirekte Ziele, Ziele können sich ändern, Zielerreichung auch auf Umwegen
...Personalauswahl	Gute Mitarbeiter, die sich möglichst schnell anpassen	Gute Mitarbeiter, die den Firmenkodex nur langsam lernen
...Karriereweg	Geradlinig, möglichst Branchenkenntnisse, MBA-Orientierung	Individuell, möglichst aus anderen Branchen
...Innovationen	Verbesserung des Bestehenden, Streben nach konkreten Anwendungen, Zielorientierung	Radikal anstelle von Verbesserung; Anwendungen entstehen als Folge von Neugier und Fleiß
...Innovationsprozess	Planbar, enges Projektmanagement	Nicht planbar
...Wachstum	Durch Zukäufe	Durch Neues

Abb. 16.3 Gegenüberstellung der Denkweisen von COO und CNO, Teil 1

Einstellung gegenüber ...	COO (Routinier)	CNO (Abenteurer)
...Entschei-dungen	Anwendung von nachvollzieh-baren Entscheidungsmodellen, Denken in Business Cases	Mutig, auch intuitiv; Für das Neue gibt es keine Entschei-dungsregeln und Cases aus der Vergangenheit
...Investitionen	In konkrete Vorhaben	In Menschen und Rahmen-bedingungen
...Regeln	Orientierung an bekannten Regeln	Suche nach neuen Regeln
...Orientierung	Nach innen	Nach innen und außen
...Zeit	Gegenwart, Fortschreibung der Vergangenheit auch für die Zukunft	Gegenwart, Erfahrungen aus der Vergangenheit sind für Neues selten geeignet
...Streben	Nach Best-Practice	Nach Einzigartigkeit
...Vermeidung	Von Ungewissheit	Von Gewohnheiten
...Veränderung	Als notwendige Reaktion und Anpassung an neue Rahmen-bedingungen	Als bewusste Aktion und Haltung, um geistig wach zu bleiben
...Umfeld	Ordnung	Unordnung
...Komplexität	Drang nach Komplexitäts-reduktion	Akzeptanz von Komplexität
...Dem Neuen	Muss kontrolliert werden	Ist spannend und voller Chancen

Abb. 16.4 Gegenüberstellung der Denkweisen von COO und CNO, Teil 2

Spielregeln für das Neue

17

Lerne die Regeln, damit du sie richtig brechen kannst.
Dalai Lama

In Kap. 16 wurden die unterschiedlichen Einstellungen von Routiniers und Abenteurern gegenüber ausgewählten Attributen dargestellt. In diesem Kapitel soll es darum gehen, die Notwendigkeit unterschiedlicher Spielregeln klarzumachen. Es geht mir dabei nicht darum, Freifahrtscheine für Abenteurer zu rechtfertigen; auch für Abenteurer gelten Regeln. Diese Regeln sollten aber anderer Natur sein. Es geht nicht darum, in allen Unternehmensbereichen die Spielregeln zu standardisieren. Es geht vielmehr darum, was in einzelnen Unternehmensbereichen am sinnvollsten ist.

Ein Unternehmen kann mit diesen Spielregeln erst dann leben, wenn es einen breiten Konsens darüber gibt, dass bei der Erledigung von Routineaufgaben und bei der Erarbeitung von Neuem andere Erfolgsfaktoren gelten. Dieses Verständnis muss zunächst gegeben sein. Wenn akzeptiert ist, dass die Erfolgsfaktoren verschieden sind, ist es ein kleinerer Schritt dahin, dass auch der Erledigungsrahmen und die Spielregeln der Erledigung unterschiedlich sind. Unter Umständen ist hier eine gewisse Überzeugungsarbeit zu leisten. Ohne deren Akzeptanz wird es in der Praxis schwierig sein, die unterschiedlichen Spielregeln zu leben.

Im Folgenden werden die unterschiedlichen Leitlinien für Routinen und Neues in den Bereichen Führung, Entscheidung, Ziele, Risiken und Personal beschrieben.

17.1 Führung

Die heute gängigste Führungstechnik ist das Führen durch Zielvorgaben. Das Konzept des „Management by Objectives" geht auf Peter F. Drucker zurück. Die Idee ist, den Mitarbeitern individuelle Ziele vorzugeben und an die Zielerreichung eine ergebnisabhängige Ver-

© Springer Fachmedien Wiesbaden 2015
A. Schutkin, *Das Geheimnis des Neuen: Wie Innovationen entstehen,*
DOI 10.1007/978-3-658-07640-5_17

gütung zu knüpfen. Wenn jeder Mitarbeiter seine Ziele erreicht, harmonisiert das optimal mit den Zielen des Unternehmens. Im Grunde hat sich dieses Führungssystem bewährt, in erster Linie, weil sich die Mitarbeiter daran gewöhnt haben. Aus Motivationssicht gehen die Meinungen auseinander, ob ergebnisorientierte Vergütung zu besseren Leistungen der Mitarbeiter führt. Die meisten Studien kommen zu dem Ergebnis, dass Vergütung eine, wenn überhaupt, nur sehr kurzfristige Motivation darstellt. Eine größere Motivation geht von der Bestätigung aus, die Mitarbeiter durch den Erfolg der Zielerreichung erfahren. Anerkennung, Verantwortung, sinngebende Arbeitsinhalte, Selbstbestätigung und Leistungserfolg sind gemäß der vielzitierten Zwei-Faktoren-Theorie von Frederick Herzberg starke Motivatoren. Zielvorgaben scheinen demnach auf den ersten Blick für Routiniers und Abenteurer gleichermaßen ein probates Führungsmittel zu sein.

Auf den zweiten Blick machen Zielvorgaben für Abenteurer weniger Sinn. Vielmehr schaden sie dem Ergebnis sogar. Wenn Sie unbedingt eine Zielvorgabe wollen, dann fällt mir nur eine einzige, sinnvolle Vorgabe ein: Fleiß. Erwarten Sie Fleiß. Ein Edison hat bekanntlich auch deshalb großen Innovationserfolg gehabt, weil er sehr viel ausprobiert hat. Belohnen Sie deshalb die Anzahl der Versuche, die erfolgreichen und die nicht erfolgreichen. Erinnern Sie sich daran, dass Erfinderglück auch immer ein Glück des Tüchtigen ist. Es gilt, dem Glück, dem glücklichen Zufall einen guten Nährboden zu verschaffen, und dazu ist eine hohe Versuchsanzahl Voraussetzung. Belohnen Sie daher die Fleißigen und bestrafen Sie die Untätigen. Diese Forderung weicht natürlich ab von den Vorgaben in den Routinebereichen, wo eher Begriffe wie „Effektivität" und Verhältnisse von „Input" zu „Output" zählen. Neues lebt vom Versuch, vom Experimentieren, vom Ausprobieren. Stellen Sie intelligente Mitarbeiter ein und bringen Sie ihnen bei, dass sie fleißig sein müssen.

Befreien Sie Abenteurer von Zielvorgaben: Neues kommt da auf die Welt, wo „Frageschutzgebiete" sind und wo Zeit und Raum vorhanden sind. In welcher Form und wann es auf die Welt kommt, ist nicht immer klar vorhersehbar. Und es ist nicht so wichtig. All das widerspricht dem Gedanken von Zielvorgaben. Diese leben davon, dass ein Ziel vorab möglichst präzise definiert wird, um zu einem späteren Zeitpunkt den Grad der Zielerreichung messen zu können. Gerade das passt aber nicht zum Charakter des Neuen! Vielmehr ist zu befürchten, dass die Anzahl und Verschiedenartigkeit der kreativen Vorschläge unter jedweder Art von Zielvorgaben leiden und die Denkweise sich an bereits skizzierten Vorstellungen orientiert. Genau das ist Gift für das Neue. Lernen Sie zu führen, indem Sie loslassen und vertrauen.

Bei der Bewältigung von Routineaufgaben ist Erfahrung von Vorteil. Erfahrung hilft, Aufgaben und Zusammenhänge schneller zu erfassen und bearbeiten zu können. Auch beim Treffen von Entscheidungen ist Erfahrungswissen wertvoll, wenn es um Routinen geht. Es ist daher sinnvoll, Führungsaufgaben erfahrenen Mitarbeitern anzutragen.

Bei Routinen ist demnach Erfahrung ein wertvolles Gut. Anders verhält es sich, wenn Sie Neues hervorbringen möchten. In diesem Fall kann Erfahrung hinderlich sein. Das Neue lebt ja gerade davon, dass Sie mit der Vergangenheit brechen und nicht die Vergangenheit fortschreiben. Das fällt natürlich Mitarbeitern umso schwerer, je länger sie bereits für das Unternehmen arbeiten. Langjährige und verdiente Mitarbeiter sind selten frei genug, um wirklich neu zu denken und zu handeln. Sie sind Teil eines Netzwerkes mit Kollegen, bestehend aus persönlichen Freundschaften, Verpflichtungen, Dankbarkeiten, Sympathien und Abhängigkeiten. Die Folge ist, dass mögliche neue Ideen bereits im Vorfeld auf politische und soziale Machbarkeit sowie Auswirkungen gescannt werden. Davon kann sich ein langjähriger Mitarbeiter gar nicht frei machen, und das ist ihm auch nicht vorzuwerfen. Eine Lösung besteht darin, eine Führungskraft von außen in das Unternehmen zu holen, auch auf Zeit, was nicht immer möglich ist und auch nicht immer sinnvoll ist. Oder Sie machen intern neue oder junge Mitarbeiter zum Leiter für Neues. Sie sind weniger vorbelastet und können deshalb mit der Vergangenheit leichter brechen. Ansonsten schreibt das Unternehmen lediglich die Vergangenheit fort.

Ein weiterer Grund liegt in der bereits ausgeführten Macht der Gewohnheit. Mitarbeiter sind bekanntlich „süchtig" nach Belohnung. Belohnt werden sie, wenn sie ihre Sache gut machen. Daher werden sie versuchen, bekannte und vertraute Techniken beizubehalten, weil sie diese bereits sicher beherrschen und damit gute Arbeitsergebnisse erzielen. Der Bruch mit der Vergangenheit ist also nicht ganz einfach, aber er ist erforderlich.

Wenn Sie an dieser Stelle ein Führungsmodell erwarten, können Sie sich von der Transformationalen Führung inspirieren lassen in der sehr viel Abenteuergeist steckt.

17.2 Entscheidung

Viele Entscheidungen, die in einem Unternehmen täglich getroffen werden müssen, beinhalten sowohl ein Verlustrisiko als auch eine Gewinnchance. Psychologen, wie beispielsweise Daniel Kahnemann, haben festgestellt, dass die meisten Menschen unter einer Art „Verlustphobie" leiden und dazu neigen, potenzielle Verluste in etwa doppelt so hoch zu gewichten wie potenzielle Gewinne. Diese extreme Verlustaversion führt regelmäßig dazu, dass sich Entscheidungen weitgehend darauf konzentrieren, Verluste zu vermeiden. Die Konzentration auf das Vermeiden von Verlusten führt auch dazu, dass günstigere Positionen mit einer guten Gewinnerwartung verworfen werden. Viele Entscheider orientieren sich demnach nicht an Erwartungswerten, die sowohl Chancen als auch Risiken mit einer gewichteten Wahrscheinlichkeit beinhalten, sondern fahren einen konsequenten Verlustvermeidungskurs. Für Neuerungen und Innovationen bedeutet dies, dass sie in ihrer puren Form schlichtweg auf der Strecke bleiben: Ideen werden so lange „entschärft", bis sie als zahnloser Tiger in einem akzeptablen Risikobereich übrigbleiben. Welche Gefahr kann aber von einem zahnlosen Tiger als Wettbewerber ausgehen? Echte Innovationen und Neuerungen sind nicht zu erwarten. Die Modelle der Entscheidungstheorie haben zudem den Nachteil, dass sich Menschen auch bei großem Bemühen um „Objektivität" nicht völlig frei machen können von persönlichen Präferenzen, Vorurteilen und früheren Erfahrungen. Wenn frühere Erfolge tatsächlich ausgeschaltet werden sollen, muss der Zufall mithelfen.

Mein Rat lautet, den Zufall bewusst in das Entscheidungsverfahren einzuführen. Die Rolle des Zufalls bei wissenschaftlichen Durchbrüchen ist in früheren Kapiteln bereits gewürdigt worden. Meist war die Rolle des Zufalls allerdings nicht beabsichtigt. Wenn Sie Neuem den Weg bahnen möchten, sollten Sie einen Schritt weiter gehen: Führen Sie in Ihrem Unternehmen ein gezieltes Zufallsverfahren ein, um auf diese Weise die Varianz an Vorschlägen zu erhöhen. Mein Lieblingsbeispiel hierzu ist bei Robert I. Sutton in seinem Bestseller „Der Querdenkerfaktor" nachzulesen[1]. Sutton beschreibt darin die Auswahl des Jagdgebiets der Naskapi-Indianer:

Die Naskapi-Indianer sind in Quebec, Kanada, angesiedelt. Sie sind Jäger. Das Jagdgebiet wählen sie nach folgendem Ritual aus: Sie halten die Schulterknochen des Karibus, eines nordamerikanisches Rentiers, so lange ins Feuer, bis diese an einer Stelle rissig werden. In die Richtung, in welche die Risse zeigen, gehen sie auf die Jagd. Das Ritual ist erfolgreich, weil das Ergebnis nicht abhängig ist von den Resultaten früherer Jagden.

Eine moderne Erscheinungsform der Denkweise der Naskapi-Indianer ist beispielsweise das Innovationsroulette.[2] Ulf Pillkahn beschreibt darin die Methode, dass aus der Gruppe der Ideen, die sich nicht einschätzen lassen, einige unter ihnen durch das Losverfahren ausgewählt werden und weiterverfolgt werden. Nach einem herkömmlichen Entscheidungsverfahren würden alle diese Vorschläge verworfen werden. So gelingt es, das Ideenspektrum mit Hilfe des Roulettes gegenüber dem klassischen Innovations- bzw. Entscheidungsprozess zu vergrößern. Der Tunnelblick wird verlassen. Auf diese Weise ergeben sich neue Blickwinkel, neue Kombinationen und das Unternehmen lernt, neue Kompetenzen aufzubauen. Die Artenvielfalt in der Natur ist Ergebnis von Rekombinationen von Genpaaren, die sich dann in der Praxis beweisen müssen. Folgen Sie der Evolution!

Außerdem kommt es durch die Einführung des Zufalls zu durchaus gewollten Kontrollverlusten im Entscheidungsprozess: „Hätten Innovationsmanager über unser Schicksal entschieden, wären wir heute wahrscheinlich noch auf allen vieren unterwegs – die Einführung des aufrechten Gangs vor 3,6 Mio. Jahren war damals nämlich eine hochriskante Neuerung", so Pillkahn[3].

Der Zufall ist unbequem, schafft Unordnung und löst Verkrustungen. Auch in der Zusammenstellung von Arbeitsteams kann es sinnvoll sein, auf den Zufall zu vertrauen. Diese zufällig zusammengestellten Teams widersprechen natürlich den Gedanken von Teambuilding und Teamzusammensetzung im Rahmen beispielsweise von Projektmanagement. Sutton sieht den Vorteil der Zufallsauswahl bei der Teamzusammensetzung auch darin, dass Veränderungen schneller von den Mitarbeitern akzeptiert würden. Sie wird von den Mitarbeitern als „fair" wahrgenommen und lange Diskussionen unterblieben, beispielsweise, wenn Mitarbeiter für ein Projekt den Wohnort wechseln müssten. Diese zufällig ermittelten Teams können spannender sein als „bewusste" Teams, und die neuen, „schrägen" Personenkonstellationen können Ideen hervorbringen, die „normale" Teams nie erdacht hätten (Sutton 2008, S. 274 ff.).

---

[1] Vgl. Sutton 2008, S. 271. Sutton verdankt die Indianergeschichte Karl Weick. Vgl. Weick 1993, S. 641 f.

[2] Vgl. Ulf Pillkahn, www.innovation-roulette.de.

[3] Ulf Pillkahn in brand eins, Ausgabe 02/2010, S. 131.

Sutton verweist auf Studien in Australien, nach denen Gruppen mit einem zufällig ge-
wählten Leiter bessere Ergebnisse erzielen als Gruppen mit bewusst bestimmtem Leiter
(Haslam et al. 1998, S. 168–184). Es sind lediglich Einzelbeispiele, und die Erhebung
kann nicht als valide angesehen werden, weshalb ich nur kurz darauf eingehe. Aber auch
das wäre ein wirklich innovativer Weg, Neues zu schaffen. Das Spektrum an Ideen würde
sich wohlmöglich erhöhen, wenn ein weniger routinierter Führer eine Gruppe führt. Starke Führer neigen regelmäßig, ohne es zu merken, dazu, den eigenen Willen durchzusetzen
und andere einzuschränken. Damit können sie das Spektrum an Ideen, welches von einer
Gruppe erwogen werden kann, einschränken. Dies nur als ein interessanter Denkansatz.
Mir ist allerdings kein Unternehmen bekannt, das Führungskräfte nach dem Zufallsprinzip
auswählt. Das brasilianische Unternehmen Semco lässt – wie bereits beschrieben – Führungskräfte von „unten" wählen, allein diese Vorstellung ist für viele etablierte Unternehmen gewöhnungsbedürftig.

Der Zufall ist besser als sein Ruf.

17.3   Ziele

Ziele und die dazugehörigen Umsetzungspläne sind in jedem Unternehmen zur Genüge
vorhanden. Jeder Student lernt, dass Ziele gemäß den Smart-Kriterien zu fassen sind, und
es gilt als tugendhaft, persönliche und berufliche Ziele geradlinig und direkt zu erreichen.
Dem ist nicht zu widersprechen und zunächst nichts hinzuzufügen.

Als Berater komme ich viel herum, und wann immer es möglich ist, versuche ich, die
„wahren" Erfolgsrezepte von Unternehmen zu ergründen. Ich gebe gerne zu, dass ich
dabei eine besondere Schwäche habe für Maschinenbau- und Fahrzeugbauunternehmen.
Ich bin fasziniert von Ingenieuren, die ihre Maschinen und Fahrzeug als ihre „Babys"
ansehen, detailverliebt jede einzelne Schraube inspizieren und dabei in ihre Welt abtau-
chen. Unternehmen, die solche Biotope besitzen, sollten sich glücklich schätzen. Diesen
Ingenieuren geht es nur um eines: die perfekte Maschine, die perfekte Lösung, das perfekte Fahrzeug. Diese Hingabe ist meiner Meinung nach die wahre Erfolgsgrundlage der
(hidden) Champions, die längst gelernt haben, diese Biotope um ein knackiges Marketing
und einen funktionierenden Vertrieb zu ergänzen. Interessant ist, dass es in diesen Bioto-
pen zumeist nicht um messbare Ziele geht. Es geht eher um unpräzise, indirekte Ziele, die
zweifelsohne zu großen Erfolgen führen.

Der Brite John Kay zelebriert in seinem Buch „Obliquity" die Kunst des Umwegs. Er
zeigt, dass in unserer komplexen, unüberschaubaren Welt oft der indirekte Weg zum größten Erfolg führt (Kay 2011, S. 35 f.). Kay bietet eine Reihe von Unternehmensbeispielen
an, Unternehmen, die nie direkt den wirtschaftlichen Erfolg als Unternehmensziel ausge-
rufen haben und genau deshalb wirtschaftlich erfolgreich wurden: das britische Pharmaun-
ternehmen Imperial Chemical Industries (ICI) beispielsweise, dessen Geschäftsziel der
„innovative und verantwortungsvolle Einsatz von Chemie" war und das damit das größte und erfolgreichste britische Produktionsunternehmen im 20. Jahrhundert wurde. Eine

ähnlich indirekte Philosophie lebte George W. Merck, früherer CEO des amerikanischen Pharmakonzerns Merck und Co., der sich sinngemäß äußerte: „Wir machen Medizin, die dem Menschen dienen soll. Der Profit kommt danach, und als wir uns das klargemacht haben, ist er noch nie ausgeblieben. Je klarer es uns war, desto größer fiel er aus." Heute ist Johnson & Johnson im Pharmabereich das Unternehmen mit dem besten Shareholder Value. Dessen Credo beruht ebenfalls auf einem indirekten Ansatz und betont die „Verantwortung gegenüber den Ärzten, Krankenschwestern und Patienten und allen, die unsere Produkte benutzen und unsere Dienste in Anspruch nehmen. Wenn wir diese Grundsätze beherzigen, werden unsere Aktionäre eine angemessene Dividende erwarten können"[4]. Die Liste der Unternehmen, die großen ökonomischen Erfolg haben, obwohl ihr eigentliches Ziel ein indirektes ist, ist durchaus lang: Denken Sie beispielsweise an Apple, dem es primär immer um Design und Funktionalität ging und das so zum wertvollsten Unternehmen der Welt wurde. Oder im Sport der FC Barcelona, dem es immer um den schönsten Fußball ging und der damit unter der Regie von Pep Guardiola zur damals erfolgreichsten Fußballmannschaft der Welt wurde. Auch der Wal-Mart-Gründer Sam Walton wollte nie einer der reichsten Menschen der Welt werden. Ihm ging es stets nur darum, das denkbar beste Einzelhandelsunternehmen zu entwickeln. Der Weg zum Erfolg und zum Profit ist häufig ein indirekter – über einen Umweg.

Im Abschnitt Führung habe ich in diesem Kapitel geschrieben, dass Sie auf Zielvorgaben ganz verzichten sollten, und jetzt schwärme ich Ihnen von indirekten Zielen vor. Ein Widerspruch? Nur auf den ersten Blick. Die Formulierung indirekter Ziele gibt Ihren Mitarbeitern Orientierung und kann motivieren. Jetzt wissen sie, wo das Unternehmen mit ihnen hin möchte. Und in der Regel sind diese Ansprüche auch sehr ehrgeizig, wie obige Beispiele zeigen. Es ist daher kein Zeichen von Schwäche oder von mangelnder Klarheit, es ist vielmehr intelligent, sich indirekt anzunähern. Wenn Sie sich also viele neue Produkte wünschen, überlegen Sie, welche indirekten Ziele oder Philosophien Sie ausgeben sollen. Unternehmen wie Google oder 3M, die ihren Mitarbeitern Zeitpotenziale für eigene Projekte einräumen, geben im Rahmen einer indirekten Annäherung die Vorgabe aus, dass sich Mitarbeiter mit fremden und neuen Aufgaben beschäftigen sollen. Als Ergebnis bekommen sie Ideen für neue Produkte und Anwendungen, ohne dass dies die explizite Zieldefinition war.

Direkte Ziele unterstellen, dass angestrebte Zielzustände klar festgeschrieben werden können und zu einem späteren Zeitpunkt die Zielerreichung eindeutig festgestellt werden kann. Risiken können festgeschrieben und Eintrittswahrscheinlichkeiten bewertet werden. Und auch in einem komplexen Umfeld ist es möglich, die Strukturzusammenhänge zwischen einzelnen Einflussfaktoren zu erkennen. Indirekte Ziele unterstellen, dass übergeordnete Absichten ungenau definiert sind und mehrdimensional. Das Umfeld ist unsicher, das Spektrum an möglichen Ereignissen groß. In diesem komplexen Umfeld ist es nicht möglich, Strukturzusammenhänge zwischen den einzelnen Einflussfaktoren klar zu er-

---

[4] Zu den folgenden Ausführungen vgl. Kay 2011, S. 13–49.

kennen, diese ergeben sich erst im Laufe der Umsetzung (Kay 2011, S. 79 f.). Welche Ziele passen somit besser zum Charakter des Neuen? Wohl die indirekten.

Umwege und Zufälle wirken auch oft zusammen. Die Entdeckung Amerikas durch Christopher Columbus ist hierfür ein schönes Beispiel. Es geht stets darum, bekannte Wege zu verlassen, neue Kombinationen zu probieren und Mut zu beweisen.

17.4   Risiken und Fehler

Bei der Erledigung von Routineaufgaben ist ein Erfolgsfaktor, möglichst wenig Fehler zu machen. Es gibt hierfür auch keinen „sachlichen" Grund: Die Aufgabe und die Einflussfaktoren sind bekannt, die Methodik erprobt und die Risiken gering. Als Mitarbeiter werden Sie bei Vorgesetzten zu Recht auf wenig Verständnis stoßen, wenn Sie Fehlern etwas Positives abgewinnen möchten. Unternehmen beschäftigen ganze Heerscharen von Mitarbeitern im Qualitätsmanagement und im Risikomanagement und sind ständig damit beschäftigt, Prozesse zu optimieren und Fehlerquellen zu beseitigen. Diese Optimierungen sind erforderlich, um Kostenvorteile zu erzielen und durch bessere Prozess- und Produktqualität auch die Kundenzufriedenheit zu steigern. Wichtig ist, dass dies ausdrücklich nur für die Bewältigung von Routineaufgaben zählt.

Wenn Sie Neues hervorbringen möchten, müssen Sie diese Regeln ändern. Betrachten Sie Fehler dann nicht als etwas, für das Sie sich schämen sollten. Schämen sollten Sie sich, wenn Sie zu wenige Versuche unternehmen und nicht fleißig genug sind. Vom Amazon-Chef Steve Bezos ist überliefert: „Wenn die Leute, die bei Amazon arbeiten, nicht den einen oder anderen bedeutenden Fehler machen, dann bedeutet das, dass wir unseren Hintern nicht hochkriegen und einen schlechten Job für unsere Anteilseigner machen." (Dyer et al. 2010, S. 64).

Installieren Sie Mechanismen, damit Sie möglichst schnell und damit günstig scheitern. Google hat den Leitsatz: „Scheitern Sie möglichst schnell, damit Sie es gleich noch einmal probieren können." Und Gründer Larry Page setzt noch eins drauf. Als ein Google-Manager mehrere Millionen US-Dollar in den Sand gesetzt hatte, zeigte er sich sehr erfreut: „Ich bin so froh, dass Sie diesen Fehler gemacht haben. Denn ich will ein Unternehmen führen, in dem zu schnell zu viel geschieht, nicht eines, in dem vor lauter Vorsicht zu wenig passiert. Wenn wir keine solchen Fehler machen, riskieren wir nicht genug!" (Iyer und Davenport 2008, S. 56).

Wenn es um Neues geht, sollten Sie ein Budget für Fehler schaffen, und Sie sollten Ihre Mitarbeiter dazu erziehen, Risiken einzugehen. Das ist mitunter schwierig genug und Sie müssen Ihre Mitarbeiter umziehen. Nehmen Sie ihnen die Angst davor, dass Sie sich für etwas rechtfertigen sollen, was nicht funktioniert hat. Sie müssen sich dann rechtfertigen, wenn sie zu wenig probiert haben. Erinnern Sie sich an Edison und setzen Sie alles daran, die Anzahl der Versuche zu erhöhen.

Fehler gehören auf dem Weg zum Neuen dazu – wenn Sie keine Fehler machen, machen Sie vermutlich einen Fehler!

17.5   Personal

Wenn ich mich um ein neues Mandat bemühe, befragt mich der Kunde im Kennenlernge-spräch stets zu meinen Branchenerfahrungen. Ich nenne das intern die „Spanplattenfrage", weil ein Kunde aus der Spanplattenindustrie einmal nicht verstehen konnte, dass ich bis-lang mit dieser Branche noch keine Berührungspunkte hatte. Ich kann diese Frage nach der Branchenerfahrung nachvollziehen. Am liebsten wäre es dem Kunden, wenn ich in dieser Branche bereits zehn Jahre gearbeitet hätte, die Rahmenbedingungen kennen wür-de und vermutlich genauso denken würde wie der Kunde selbst. Die Frage ist allerdings: Was kann er dann von mir Neues erwarten? Er wird vermutlich eine Bestätigung seiner Ansichten erwarten.

Wenn Unternehmen heute Personal suchen, ist in den Stellenausschreibungen durch-aus oft zu lesen, dass Querdenkerfähigkeiten gesucht seien oder dass über den Teller-rand hinausgeschaut werden solle. Das heißt allerdings nicht, dass diese Firmen dies dann auch tatsächlich so meinen. Die meisten Firmen suchen Mitarbeiter, die den Firmenkodex schnell übernehmen und die Kultur so lange inhalieren, bis sie „Stallgeruch" angenom-men haben und dazugehören. Es gilt, die Geschichte und die historischen Verdienste des Unternehmens zu lernen und die Geschäftsabläufe sowie die ausgesprochenen und unaus-gesprochenen Regeln im Unternehmen schnell zu verinnerlichen. Abweichler und Selbst-denker sind dabei nicht gerne gesehen, sie werden als wenig teamfähig und berechenbar angesehen. Wichtig ist Anpassung. In der Soziologie würde man dies als Assimilation bezeichnen, die Gruppe der neuen Mitarbeiter übernimmt vollkommen die Normen der bereits bestehenden Mitarbeitergruppe. Personaler nennen dies Identifikation und suchen bewusst oder unbewusst nach Mitarbeitern, die eine möglichst hohe Gleichheit mit dem vorhandenen Personal aufweisen – die eben gut ins Team passen.

Nun sind eine starke Firmenkultur und eine hohe Identifikation mit den Firmennormen zweifelsohne ein großer Wert für ein Unternehmen, den es zu bewahren gilt. Gute Passung und Gleichheit sind geeignete Auswahlkriterien für Stellenbewerber, wenn es für die zu vergebende Stelle darum geht, die altbewährten Denk- und Handlungsschemata weitge-hend unkritisch zu übernehmen und die Arbeit in der gleichen Art und Weise fortzuführen.

Wenn es allerdings darum geht, etwas Neues in die Welt zu bringen, kann dies schnell zum Ballast werden. Wenn es bei Mitarbeitern wichtig ist, dass diese möglichst schnell funktionieren und die Sachverhalte genauso sehen, wie alle anderen Mitarbeiter sie sehen, wird die Art der Ideen, die diese Mitarbeiter produzieren, auch sehr gleich sein. Sutton schlägt daher vor, bewusst solche Mitarbeiter einzustellen, die den Firmenkodex nur lang-sam lernen. Diese „Langsamlerner" wehrten sich gegen den Herdentrieb, sie seien betrieb-liche Rebellen (Sutton 2008, S. 60 f.). Dabei sind es genau diese Menschen, die einem Unternehmen zu einem breiten Spektrum an Sichtweisen, Ideen und Talenten verhelfen können.

Oft werden diese Menschen auch deshalb nicht eingestellt, weil ihnen ein gewisser sozialer Schliff fehlt. Der begnadete Designer Philippe Starck beschreibt sich selbst als ein bisschen autistisch und als jemanden, der Schwierigkeiten hat, Prozesse zu erlernen und sich unterrichten zu lassen. Das ist charakteristisch für diese „Langsamlerner": Sie scheren sich selten um die Meinung anderer und bringen dies mitunter auch deutlich zum Ausdruck. Und sie gelten als wenig teamfähig, was nur bedingt als Qualifizierungseigenschaft dienlich ist. Der Atari-Gründer Nolan Bushell beschreibt dies folgendermaßen: „Manchmal sind die Typen, die den Mund nicht aufkriegen, die besten Ingenieure." Das mag anstrengend sein und es macht vielleicht wenig Spaß. Abstimmungen, Kommunikation und Austausch interessieren häufig diese „Langsamlerner" nicht, am liebsten bearbeiten sie Aufgaben zurückgezogen im stillen Kämmerlein. Geben Sie ihnen einen eigenen Ort, an dem sie alleine arbeiten können. Und schützen Sie Ihre „Langsamlerner", denn sie sind wertvoll. Sie schaffen Unordnung in Systemen und ignorieren die Vergangenheit. Oft haben sie ein hohes Selbstwertgefühl und meist auch einen sehr hohen Qualitätsanspruch. Das bringt Sie weiter!

Eine weitere „Gefahr" bei der Personalauswahl ist, dass wir Menschen dazu neigen, solche Bewerber einzustellen, die uns möglichst ähnlich sind. Ähnlichkeiten ziehen uns an, und wir finden Menschen, die uns ähnlich sind, sympathisch. Im Vertrieb versucht man diesen Umstand zu nutzen, und gute Verkäufer versuchen instinktiv, Gleichheiten zu finden und diese zu betonen, auch über die Körpersprache und Sprechgeschwindigkeit. Gleiche Hobbys, gleiche Interessen und gleiche Ansichten sind etwas Wunderbares und wir fühlen uns unweigerlich zu diesen Personen hingezogen. Umgekehrt stehen wir Personen, die offensichtlich anders sind, zurückhaltend und reserviert gegenüber. Wenn die ausgeschriebene Stelle also Kreativität erfordert und Ihnen ein Bewerber nicht sympathisch ist oder sogar Unbehagen auslöst, sollten Sie trotzdem darüber nachdenken, ihn einzustellen, wenn er Ihnen intelligent erscheint. Seine Vorschläge könnten interessant sein. Weisen Sie auch Ihre Kollegen auf die Schwächen hin, die zu gleichförmige und „glatte" Gruppen haben können. Sorgen Sie bei der Zusammensetzung kreativer Teams für einen guten Altersmix, achten Sie darauf, dass eine Gruppe aus männlichen und weiblichen Gruppenmitgliedern besteht und dass Verschiedenartigkeit bei den Einstellungen, Branchenerfahrungen und Ausbildungen besteht. Gehen Sie auch einmal das Risiko ein, Bewerber mit schlechten Zeugnissen einzustellen, wenn Sie Ihnen intelligent vorkommen. Gleiches gilt für Menschen, die sozial unbeholfen wirken und intelligent sind. Diese sollten Sie unbedingt einstellen. Wichtig ist, dass Sie diese Nonkonformisten schützen und dafür sorgen, dass diese Personen wegen anderer Meinungen, Ansichten und ihres möglicherweise unkonventionellen Verhaltens keine Nachteile im Unternehmen haben. Stellen Sie also eine gesunde Anzahl an Rebellen ein (Sutton 2008, S. 60–87).

Werbeagenturen stellen für kreative Arbeiten übrigens gerne Mitarbeiter ohne jede Berufserfahrung ein. Das hat natürlich Kostengründe, aber es geht auch darum, Mitarbeiter zu haben, deren Ideen noch eine Spur Naivität in sich tragen. Diese Naivität geht nämlich mit zunehmender „Professionalität" verloren. Ideen werden sofort auf Umsetzbarkeit hinterfragt und „unvernünftige" Ideen erst gar nicht ausgesprochen oder weiterverfolgt. Es ist nicht leicht, Kreativen diese Art von Professionalität wieder abzugewöhnen.

Unternehmen suchen meist nach „Schnelllernern": Menschen, die möglichst schnell passen und schnell funktionieren. Die Konformisten sind wichtig, sie erwirtschaften die heutigen Gewinne. Um die Gewinne von morgen zu garantieren, braucht ein Unternehmen „Langsamlerner". Sie hinterfragen, sind im positiven Sinne widerspenstig, funktionieren nicht, schaffen Unordnung und brechen mit der Vergangenheit. Selbst in Bereichen, in denen überwiegend Routinetätigkeiten verrichtet werden, kann der eine oder andere Rebell dienlich sein. Zudem ist Jobrotation in Routinebereichen hilfreich, um Ordnungen aufzubrechen und Abteilungen zu bewegen.

Vergessen Sie nicht, Ihre Kreativteams von Zeit zu Zeit durchzumischen und neu zusammenzustellen. Auch in Kreativteams entstehen irgendwann Gewohnheiten und Routinen und die Leistungsfähigkeit nimmt ab. Sie erkennen dies daran, wenn mehr über Privates als über Neues gesprochen wird. Dann ist wieder Zeit für einen Wechsel!

Literatur

Dyer, J.H., Gregersen, H.B., Christensen C.M.: Die Innovatoren-DNS. Harv. Bus. Manag. 2, 64 (2010)

Haslam S.A., et al.: Inspecting the emperor's clothes. Evidence that randomly selected leaders can enhance group performance. Group Dyn. Process Res. 2, 168–184 (1998)

Iyer, B., Davenport, T.H.: Vorbild Google. Harv. Bus. Manag. 6, 56 (2008)

Kay J.: Obliquity. Die Kunst des Umwegs oder wie man am besten sein Ziel erreicht. Deutscher Taschenbuch Verlag, München (2011)

Sutton, R.I.: Der Querdenker-Faktor. Mit unkonventionellen Ideen zum Erfolg. Piper Verlag GmbH, München (2008)

Weick, K.: The collapse of sensemaking in organizations: The Mann Gulch Disaster. Adm. Sci. Q. 38, 641 f. (1993)

Schnittstellen gestalten

18

*Jeder ist ein Genie. Aber wird ein Fisch nach seiner Fähigkeit zu
klettern beurteilt, wird er sein Leben lang glauben, er sei dumm.*
Albert Einstein

Die Literatur ist sich weitgehend einig, dass ein erfolgreiches Schnittstellenmanagement
viel mit Harmonisierung einzelner sozialer Gruppen zu tun hat. Es gilt, Bereichskulturen und Konflikte durch unterschiedliche Arbeitsweisen zu vermeiden und die einzelnen
Unternehmensressorts einander anzugleichen. In diesem Buch plädiere ich für unterschiedliche Spielregeln, unterschiedliche Arbeitsweisen und unterschiedliche Arbeitskul-
turen bei Routinen und Neuem, so dass die angesprochenen Angleichungsbestrebungen
aus meiner Sicht wenig erfolgreich sind.

Es gibt für das erfolgreiche Gelingen von Schnittstellen vielerlei Ansätze, wie etwa
gemeinsame Lenkungsausschüsse, Prozess- und Beziehungspromotorenmodelle und weitere „Übersetzungs"- und Schlichtungsinstitutionen. Oft wird auch vereinfachend von
„der Schnittstelle" gesprochen, beispielsweise zwischen F + E und Marketing, tatsächlich
sind es unendlich viele Schnittstellen. Schnittstellen sind Transferpunkte zwischen den
Trägern von Teilaufgaben. Diese sehr technische Sichtweise reduziert den Schnittstellen-
gedanken auf gemeinsame Abstimmungstermine sowie gemeinsame Meetings und schafft
die Illusion, dass sich die Aufgabe in einem Besprechungsraum lösen ließe. Vielmehr
kommt es zwischen den einzelnen sozialen Gruppen zu permanenten Austauschbeziehun-
gen: „Man kann nicht nicht kommunizieren", lautet die viel zitierte Erkenntnis von Paul
Watzlawick. Kommunikation findet nicht nur formal in Meetings statt, sondern permanent
und informell sowie non-verbal: Kleidung, Sprache, Rituale, Führungsstil, Karriereorien-
tierung variieren in den einzelnen Abteilungen mitunter enorm und senden permanent
unbewusste Signale an die Mitarbeiter anderer Abteilungen. Diese Signale werden über-
all wahrgenommen, beispielsweise in Kantinen, in der Kaffeeküche, auf Parkplätzen, in

© Springer Fachmedien Wiesbaden 2015
A. Schutkin, *Das Geheimnis des Neuen: Wie Innovationen entstehen,*
DOI 10.1007/978-3-658-07640-5_18

Fahrstühlen, in Bürofluren, und auch in Besprechungsräumen sowie in den einzelnen Abteilungen entsprechend interpretiert. Die Vorstellung, es solle in einem Unternehmen mit unterschiedlichen Verrichtungsfunktionen keine Bereichskulturen geben, scheint wenig mit der Wirklichkeit vereinbar. Vielmehr bilden sich in einzelnen sozialen Gruppen natürlich Subkulturen und Gruppenidentitäten. Damit einhergehen meist auch unterschiedliche Zielvorstellungen. Das zeigt, dass die Schnittstellenaufgabe sehr vielschichtig ist und eine Koordinationsaufgabe anspruchsvoll.

Häufige Barrieren von Zusammenarbeit sind Nicht-Kennen bzw. Nicht-Wissen als Ergebnis von fehlendem Überblick der Akteure über die Möglichkeiten einer Zusammenarbeit. Oft fehlt zudem die Bereitschaft, also das Wollen. Auch fehlende kommunikative Möglichkeiten können sich behindernd auswirken. Barrieren können ebenso durch bestehende Machtunterschiede verstärkt werden (Vgl. Wierum 2001). Auch räumliche Distanz, die in diesem Buch zwischen Routinen und Neuem ausdrücklich gefordert wird, wirkt sich behindernd auf die Zusammenarbeit aus.

Eine Konzeption für ein erfolgreiches Schnittstellenmanagement zwischen Routineaufgaben und Neuem in einem Unternehmen könnte aus drei Kernaufgaben bestehen: erstens einer Kommunikationsaufgabe, zweitens einer Entscheidungsaufgabe und drittens einer Umsetzungsaufgabe. Der Schlüssel liegt hierbei in der Kommunikationsaufgabe. Es gilt, die Unterschiede zwischen Routineaufgaben und Aufgaben, die Neues hervorbringen sollen, zu thematisieren und zu erklären. Es gilt, die unterschiedlichen Aufgaben transparent zu machen und jedem Mitarbeiter zu erklären, dass diese organisatorische Trennung und die unterschiedlichen Spielregeln in den beiden Aufgabenfeldern das Unternehmen stärken werden. Es gilt, die Unterschiede offen anzusprechen und zu erläutern, dass diese Unterschiede gewollt sind. Es geht darum, dass sich die beiden Segmente gegenseitig respektieren und wertschätzen. Die Entscheidungsaufgabe beinhaltet die Auswahl zwischen unterschiedlichen Projektalternativen. Hierbei gilt es, risikoreiche Alternativen bewusst zuzulassen und diese nicht im Vorfeld der Entscheidung bereits auszusortieren. Die Tendenz zu risikoarmen Entscheidungen und Ideencramming ist bekannt, und ein Unternehmen sollte im Entscheidungsprozess bewusst Vorkehrungen treffen, um diese Tendenzen zu umgehen – es sei denn, sie sind ausdrücklich gewollt. Die Entscheidung darüber, welche Projekte weiterverfolgt werden, sollte unbedingt in einem gemeinsamen Gremium getroffen werden. Der Chief New Officer sollte in diesem Gremium einen festen Sitz haben, auch um als Gegengewicht zu den meist kommunikations- und durchsetzungsstarken Routiniers zu wirken. In der Umsetzungsphase schlägt dann die Stunde der Routiniers, die ihre Projektmanagementfähigkeiten voll einbringen können. Den Erneuerern kommt in der Umsetzungsphase eine beratende und begleitende Aufgabe zu.

Meine Empfehlung ist daher eine Gestaltung der Schnittstellen derart, dass die Unterschiede zwischen Routiniers und Abenteurer akzeptiert werden und echte gegenseitige Wertschätzung besteht.

Literatur

Wierum, D.: Zusammenarbeit zwischen Personal- und F + E-Bereich. Analyse und Gestaltungs-
möglichkeiten auf der Basis des Schnittstellenmanagements, S. 96 f. Gabler, Wiesbaden (2001)

Trennen und verbinden: Der Plus-Code 19

Manch ein falscher Schritt wird getan, indem man stehen bleibt.
Chinesischer Glückskeks

 Dieses Buch ist ein Plädoyer für das Neue. Das Neue ist zu Beginn meist weit entfernt von der schöpferischen Zerstörungskraft à la Schumpeter. Zumeist ist es eine zarte Pflanze, die geschützt werden muss. Routinen und Gewohnheiten, das Festhalten an bekannten Geschäftsmodellen, Regeln und Verhaltensweisen sowie mangelnde Risikobereitschaft sind oftmals unüberwindbare Hindernisse, die den Entstehungsprozess verhindern oder dazu führen, dass das Neue als zahnloser Tiger auf die Welt kommt.

 Das Neue benötigt eine starke Lobby im Unternehmen. Ich empfehle daher die Einführung eines CNO, eines Mentors für das Neue. Der CNO ist in einem Unternehmen das Gegengewicht zu dem für die täglichen Routinen verantwortlichen COO. Unter der Regie des COO soll das Unternehmen die aktuellen Pläne erfüllen und die heutigen Erträge erwirtschaften. Unter der Regie des CNO kann Neues entstehen, die Grundlage für zukünftige Erträge.

 Die Erfolgsfaktoren für die Erledigung bekannter Aufgaben sowie für Neues sind grundverschieden. Ein Unternehmen sollte daher zunächst einen dicken Trennstrich zwischen Routinen und Neuem ziehen. Das Neue sollte sowohl räumlich und organisatorisch vom Tagesgeschäft getrennt werden als auch anhand anderer Messkriterien bewertet werden. Es gilt, die Spielregeln in den beiden Bereichen unterschiedlich zu gestalten und damit in beiden Segmenten getrennt voneinander eine bestmögliche Leistung zu erzielen. Unterschiede in der Kultur, dem Denken und den persönlichen beruflichen Zielen sollten als gegeben akzeptiert und als Stärke eines Unternehmens betrachtet werden. Angleichungen in dem Bestreben von Assimilation und Gleichheit zwischen Routinen und Neuem verschenken Potenzial (Abb. 19.1).

© Springer Fachmedien Wiesbaden 2015
A. Schutkin, *Das Geheimnis des Neuen: Wie Innovationen entstehen,*
DOI 10.1007/978-3-658-07640-5_19

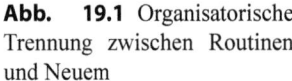

Abb. **19.1** Organisatorische Trennung zwischen Routinen und Neuem

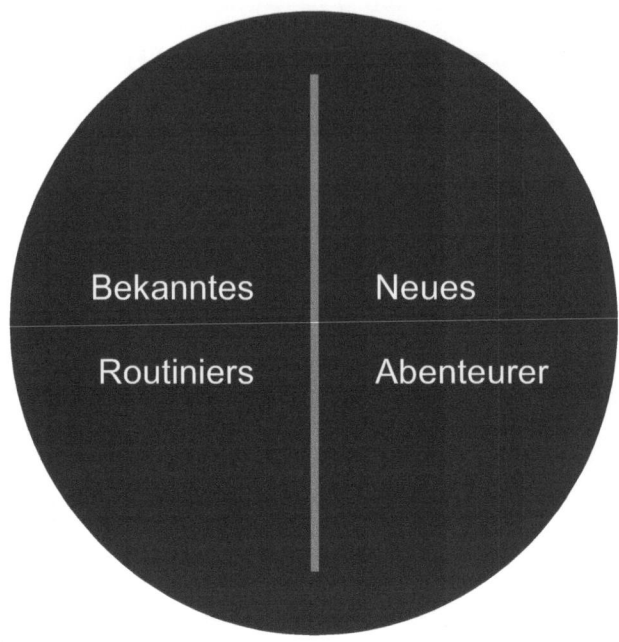

Eine räumliche und organisatorische Trennung ist erforderlich, damit sich das Neue entwickeln kann. Damit allein ist es jedoch nicht getan. Ein Unternehmen braucht sowohl funktionierende Routinen als auch ausreichend Neues. Mit Routinen wird das heutige Geld verdient und die Unternehmensfinanzierung sichergestellt. Die Erträge der Zukunft werden durch das Neue gesichert. Ein funktionierendes Unternehmen benötigt beides in einem gesunden Verhältnis zueinander. Die verbindende Klammer zwischen den beiden Bereichen sind die gegenseitige Akzeptanz und der gegenseitige Respekt sowie die Gewissheit, dass das eine nicht ohne das andere existieren kann. Diese Botschaft gilt es, im gesamten Unternehmen zu verankern.

Das Plus-Modell stellt die beiden Pole des Bekannten und des Neuen sowie der Routiniers und der Abenteurer einander gegenüber und verbindet sie, weil sie sich gegenseitig bedingen und brauchen (Abb. 19.2).

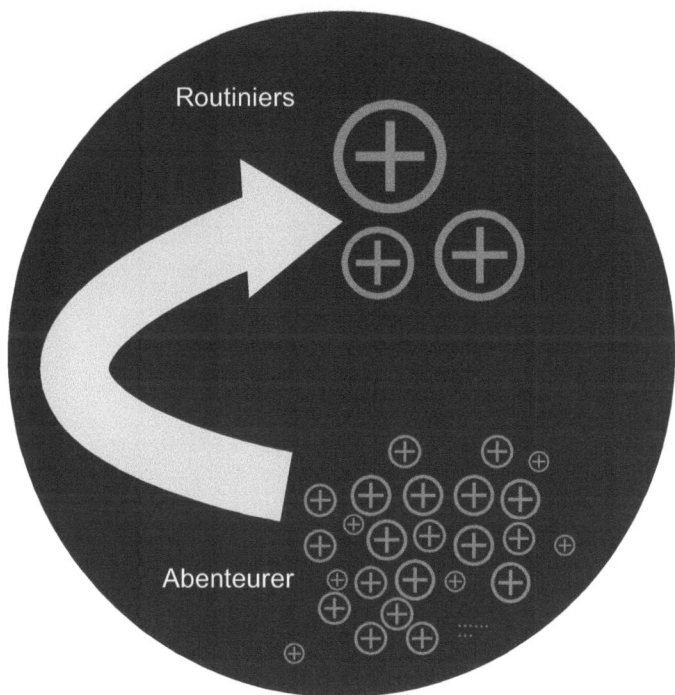

Abb. 19.2 Der Plus-Code

Das Plus-Zeichen steht für Ideen, Kreativität und Neues. Es symbolisiert die Grundlage für Entwicklung und Wachstum. Dieses Neue kommt von den Abenteurern, und wenn die Routiniers den Wert dieses Beitrags respektieren und schätzen, können sie daraus mit den ihnen eigenen Fähigkeiten etwas Großes und Wertvolles gestalten. Wie Yin und Yang bilden Abenteurer und Routiniers zwei entgegengesetzte und doch aufeinander bezogene Potenziale. Beide getrennt voneinander zu entwickeln und die Kräfte dann zu einem Optimum zu vereinen, ist die unternehmerische Aufgabe.

Der Abenteurertest: Wie viel Abenteurer steckt in Ihnen?

20

Abenteurer oder Routinier? Machen Sie den Abenteurertest und finden Sie heraus, wer Sie wirklich sind[1].

Auf den folgenden Seiten haben Sie für jede Frage vier Antwortmöglichkeiten (Abb. 20.1 und 20.2). Entscheiden Sie sich bitte spontan für eine der beiden Alternativen. Wählen Sie die Antwort, die Ihnen auf den ersten Blick am treffendsten erscheint.

Bei manchen Fragen ist es möglich, dass Ihre Antwort unterschiedlich ausfallen würde, je nachdem, ob Sie an Ihren Beruf oder an Ihr Privatleben denken. Überlegen Sie sich daher bitte zuvor, aus welcher Perspektive Sie antworten möchten. Im Zweifelsfall empfehle ich Ihnen die berufliche Perspektive.

Wenn Sie Ihre Ergebnisse auswerten (Abb. 20.2), berücksichtigen Sie bei der Interpretation der Ergebnisse bitte auch, ob Sie sich eher am unteren oder oberen Rand des Auswerteintervalls befinden. Die Auswertungen sind zudem bewusst kurz gehalten, um inhaltliche Wiederholungen zum Begriff des Routiniers und des Abenteurers zu vermeiden.

Und: Der Test enthält keine Wertung. Es ist nicht gut oder schlecht, tendenziell Routinier oder Abenteurer zu sein. Beide haben ihre Stärken und Schwächen. Es ist eine Beschreibung und ein Hinweis auf Ihre Persönlichkeit (Abb. 20.3).

---

[1] Zur Herleitung des Abenteurertest vgl. Gansser und Schutkin (2014).

© Springer Fachmedien Wiesbaden 2015

A. Schutkin, *Das Geheimnis des Neuen: Wie Innovationen entstehen,*
DOI 10.1007/978-3-658-07640-5_20

Der Abenteurertest

1. Ich denke lieber in vorgegebenen Abläufen.

○ Trifft gar nicht zu   ○ Trifft eher nicht zu   ○ Trifft eher zu   ○ Trifft genau zu

2. Ich halte mich für einen neugierigen Menschen.

○ Trifft gar nicht zu   ○ Trifft eher nicht zu   ○ Trifft eher zu   ○ Trifft genau zu

3. Ich mag sich wiederholende Aufgaben gerne.

○ Trifft gar nicht zu   ○ Trifft eher nicht zu   ○ Trifft eher zu   ○ Trifft genau zu

4. Ich hinterfrage gerne bestehende Meinungen und Ansichten.

○ Trifft gar nicht zu   ○ Trifft eher nicht zu   ○ Trifft eher zu   ○ Trifft genau zu

5. Ich fühle mich wohl, wenn ich klare Anweisungen bekomme.

○ Trifft gar nicht zu   ○ Trifft eher nicht zu   ○ Trifft eher zu   ○ Trifft genau zu

6. Ich tausche mich gerne über Ideen und Gedanken mit Anderen aus.

○ Trifft gar nicht zu   ○ Trifft eher nicht zu   ○ Trifft eher zu   ○ Trifft genau zu

Abb. 20.1 Der Abenteurertest – Fragen

7. Ich mag es, wenn es einen klaren Tagesablauf gibt.

○   ○   ○   ○

Trifft gar nicht zu   Trifft eher nicht zu   Trifft eher zu   Trifft genau zu

8. Ich interessiere mich auch für Wissen, das nicht mit meinem Beruf in engerem Sinne zu tun hat.

○   ○   ○   ○

Trifft gar nicht zu   Trifft eher nicht zu   Trifft eher zu   Trifft genau zu

9. Ich bin gerne in Strukturen eingebunden.

○   ○   ○   ○

Trifft gar nicht zu   Trifft eher nicht zu   Trifft eher zu   Trifft genau zu

10. Ich mag Veränderungen.

○   ○   ○   ○

Trifft gar nicht zu   Trifft eher nicht zu   Trifft eher zu   Trifft genau zu

Auswertung

Die Fragen **1,3,5,7** und **9** betreffen Ihre Haltung gegenüber Routinen.
Die Fragen **2,4,6,8** und **10** betreffen Ihre Abenteuerlust.

Addieren Sie für Routinen und Abenteuerlust jeweils die Punkte:

Trifft gar nicht zu:	0 Punkte
Trifft eher nicht zu:	1 Punkt
Trifft eher zu:	2 Punkte
Trifft genau zu:	3 Punkte

Abb. 20.2 Der Abenteurertest – Fragen und Auswertung

Ihre Routinen

0 bis 4 Punkte
Sie meiden Routinen wie der Teufel das Weihwasser. Wiederholungen und stets gleiche Abläufe befremden und langweilen Sie. Sie suchen Abwechslung und Neues anstelle von Gewohntem.

5 bis 10 Punkte
Sie haben ein ausgewogenes Verhältnis gegenüber Routinen. Wiederholungen sowie feste Strukturen und Prozesse können Sie akzeptieren, Sie bleiben aber für Veränderungen offen.

11 bis 15 Punkte
Routinier! Sie meiden Veränderungen und suchen gewohntes Terrain, das Sie nur ungern und mit Widerständen verlassen. Sie streben nach Ordnung, klaren und festen Strukturen und fühlen sich am wohlsten in geregelten und sich wiederholenden Abläufen. Am liebsten wäre es Ihnen, wenn alles so bliebe, wie es gerade ist.

Ihre Abenteuerlust

0 bis 4 Punkte
Ihre Lust auf Abenteuer ist gering. Sie suchen Sicherheit im Leben und vermeiden Situationen, die risikoreich, unübersichtlich und uneindeutig sind. Sie setzten auf Erprobtes und haben feste Entscheidungsregeln. Experimentieren ist Ihnen fremd.

5 bis 10 Punkte
Mittlere Abenteuerneigung. Sie sind bereit, einen eingeschlagenen Weg zu ändern und Neues zu probieren, wenn es sachliche Gründe hierfür gibt oder Ihre Neugier geweckt wurde. Dabei lassen Sie sich auch von Menschen inspirieren, die in einem anderen beruflichen oder privaten Milieu zu Hause sind. Risiken akzeptieren Sie in einem gewissen Ausmaß.

11 bis 15 Punkte
Abenteurer! Sie sind ein Rebell im positiven Sinne, der bestehende Wege, Anschauungen, Haltungen, Meinungen und Abläufe permanent hinterfragt und diese neu denken möchte. Sie finden Menschen spannend, die anders denken als der Mainstream und ziehen Ihre Energie aus dem Ausprobieren, Verknüpfen und Umsetzen neuer Ideen. Dabei nehmen Sie Rückschläge und Niederlagen in Kauf.

Abb. 20.3 Der Abenteurertest – Auswertung

Literatur

Gansser, O.A., Schutkin, A.: Studie zur Validierung der Persönlichkeitsmerkmale Abenteuerlust und Routineverhalten. In: Krol, B. (Hrsg.) ifes Schriftenreihe, Bd. 10, Vulkan-Verlag, Essen, ISSN 2191-3366 (2014)

Neu begeistert

21

Je mehr man liebt, umso tätiger wird man sein.
Vincent von Gogh

Die Forschungsreisen hatten sein gesamtes Vermögen aufgezehrt. Dafür war er der an Wissen reichste Mann seiner Zeit: Alexander von Humboldt. Seine Entdeckungsexpeditionen führten ihn nach Lateinamerika, in die USA und nach Zentralasien. Furchtlos war er in den menschenfeindlichen Dschungeln Lateinamerikas unterwegs, rastlos und voller Mut erforschte er Erscheinungsformen und Zusammenhänge von Fauna und Flora, ohne sich dabei zu schonen und nicht ohne dabei sein Leben auf Spiel zu setzen. Sein Wissensdurst war unersättlich und seine wissenschaftliche Ausbeute gewaltig. Es war nicht nur die Abenteuerlust, die Alexander von Humboldt antrieb. Mehr noch war es sein unbändiger Forschungsdrang. In ihm brannte das Feuer der Begeisterung für seine Forschungen und für neues Wissen.

Edmund Hillary war schon immer ein begeisterter Bergsteiger gewesen. Wann immer möglich, verbrachte er seine freie Zeit in luftiger Höhe. Später sollte er gemeinsam mit dem Sherpa Tensing Norgay als Erstbesteiger des Mount Everest zur berühmtesten Seilschaft der Bergsteigerwelt werden. Und Neil Alden Armstrong war schon als Jugendlicher ein begeisterter Modellflugzeug-Bauer. Dann lernte er Segelfliegen und absolvierte die Marineflieger-Schule, um als Militärflieger tätig zu werden. Die Liebe und die Begeisterung für das Fliegen und die Geschwindigkeit machte ihn Jahre später zum Kommandant der „Apollo 11" und zum ersten Menschen auf dem Mond.

Begeisterung! Das ist der Zaubertrank für unser Denken und Tun! Aus Sicht der Gehirnforschung aktiviert ein Begeisterungszustand die emotionalen Zentren im Gehirn zur Produktion bestimmter Eiweiße, die dabei unterstützen, neue Herausforderungen zu meistern, so Gerald Hüther. Was wir mit Begeisterung machen, geht uns leichter und rascher von der Hand. Und besser!

© Springer Fachmedien Wiesbaden 2015
A. Schutkin, *Das Geheimnis des Neuen: Wie Innovationen entstehen*,
DOI 10.1007/978-3-658-07640-5_21

Kleinkinder erleben jeden Tag eine Vielzahl neuer Lebenssituationen und begeistern sich an dem Neugewonnenen. Mit zunehmendem Alter, gewonnener Lebenserfahrung und geregelten Abläufen nimmt die Begeisterungsfähigkeit meist ab. Endeckerfreude, die Lust am Probieren und am Neuen nehmen ab. Ein Gegenmittel? Umgeben Sie sich mit Menschen, die voller Lebensfreude sind und die ihr Leben nicht nur administrieren, sondern leben. Und haben Sie den Mut, Ihre eigene Begeisterung wiederzuentdecken.

Begeisterung ist Ihr Dopamin auf dem Weg zum Neuen und es ist auch das Mittel, um Freunde und Mitstreiter für die eigene Idee zu finden. Neues schaffen heißt auch Widerstände zu überwinden. Die frühen Entdecker, Erfinder und Unternehmer mussten sich stets gegen Zweifler und Widersacher behaupten und vor allem Unterstützer gewinnen: Finanziers, Mentoren, väterliche Freunde sowie die eigene Familie. Das gilt damals wie heute. Nur, wenn Sie selbst überzeugt und begeistert von Ihrem Vorhaben sind, wird es Ihnen auch gelingen, andere dafür zu begeistern. Oder mit den Worten des heiligen Augustinus: „Nur wer selber brennt, kann das Feuer in anderen entfachen."

Ein befreundeter Investor hat mir einmal erzählt, dass es letztlich die Augen sind, die darüber entscheiden, ob er sich an einem Unternehmen beteiligt oder nicht: „Wenn die Augen der Gründer nicht leuchten, hilft der beste Businessplan wenig. Ich kaufe letztlich Begeisterung."

Das Neue kommt durch Menschen in die Welt, die ihrer Arbeit leidenschaftlich und begeistert verbunden sind. die „ja!" sagen zu sich selbst und zu ihrem Vorhaben. Das erste „Gebot" der sieben Innovationsgeheimnisse von Steve Jobs lautet: „Tue das, was Du liebst." Mit Liebe und Begeisterung kommt der Erfolg.

Menschen, die sich mit Begeisterung einer Sache hingeben, arbeiten nicht, sondern gehen ihrer Passion nach. „Wähle einen Beruf, den Du liebst, und Du brauchst keinen Tag in Deinem Leben mehr zu arbeiten", wusste schon Konfuzius.

Die Kraft der Begeisterung brachte Menschen auf die höchsten Gipfel der Erde und zum Fliegen, sogar auf den Mond. Echte Innovationen entstehen stets unter Bedingungen, in denen Menschen für eine Sache brennen und die die Fackel der Begeisterung zum Lodern bringen!

Tun Sie es neu.

Bleiben Sie neugierig

22

Neugier sollte Menschen antreiben,
Autoren ihres Lebens zu werden.
Eigenzitat, angelehnt an Julian Nida-Rümelin

„Neugier" wird im allgemeinen Sprachgebrauch selten als positive Eigenschaft gesehen. Ich möchte hier widersprechen. Für mich hat die Neugier etwas Wunderbares, gerade da mit der „Gier" oft ein Verlangen verbunden ist, das eine Aktion nach sich zieht. Die Gier ist praktisch der Motor und der Antrieb für das Neue. Ich möchte, lieber Leser, in diesem abschließenden Kapitel meine Gedanken mit Ihnen teilen, warum die Neugier viele gute Seiten hat. Als Professor fällt mein Blick dabei zunächst auf das Bildungswesen.

Kann Neugier „Employability"?
Im Studiensystem hat sich der Leitgedanke der „Employability" durchgesetzt, die Maxime, dass der Sinn des Studiums die Befähigung zur Ausübung eines Berufes sei. Bei dem Ziel stimme ich gerne zu, über den Weg zur beruflichen Befähigung kann und sollte man diskutieren. Das derzeitige Studiensystem setzt stark auf Standardisierung und Vergleichbarkeit. Es ist zweifelsfrei ein Verdienst, wenn das jetzt bestehende Bachelor- und Mastersystem ein Weiterstudium im Ausland erleichtert. Aber ist diese, an dem angelsächsischen System orientierte, Struktur tatsächlich sinnvoll? Die Idee ist, dass der frischgebackene Bachelor erst einmal einige Jahre Berufserfahrung sammeln soll, um zu einem späteren Zeitpunkt sein Wissen im Master zu vertiefen oder in einer neuen Disziplin zu erlangen. In der Praxis machen viele Studierende sofort nach dem Bachelor den Master, was dann mehr dem Gedanken einer Vertiefung, wie im früheren Diplom, entspricht. Das angelsächsische System ist sehr stark induktiv geprägt, das heißt, es wird von Einzelfällen auf das Generelle geschlossen. In den MBA-Programmen hat dadurch das Denken in sogenannten Cases Einzug erhalten. Ausgewählte Einzelfälle werden vorgestellt, diskutiert und im

© Springer Fachmedien Wiesbaden 2015
A. Schutkin, *Das Geheimnis des Neuen: Wie Innovationen entstehen,*
DOI 10.1007/978-3-658-07640-5_22

Rezeptkästchen abgespeichert. Gegen diese Form der Wissensvermittlung ist nichts ein-
zuwenden, meist sind die Fallstudien interessant und werden in der Gruppe gelöst, was
den Studenten Spaß macht. Problematisch finde ich die mit den Case-Studies verbundene
Wahrnehmung bei den Studenten: Für jedes Problem gibt es einen Business Case. In früheren amerikanischen Anwaltsfirmen wurde häufig nach Präzedenzfällen gesucht, und die
Partei, der es gelang, den für den eigenen Mandanten passenderen und älteren Referenz-
fall zu finden, gewann den Prozess. So geht es mir auch mit diesen Denken in Cases: „Die
richtige Lösung für ein Entscheidungsproblem ist bereits vorhanden", so die Denkweise.
„Wenn Du eine Aufgabe lösen musst, gibt es hierfür bereits einen Präzedenzfall, an dem
Du Dich orientieren kannst. Greif einfach in den Rezeptschrank und such Dir den passenden Fall für Deine Situation heraus."

Cases sind geeignet, um den Erfahrungsschatz zu vergrößern, um die Anwendung bekannter Regeln und Methoden zu trainieren und diese abzuspeichern. Wenn die Aufgabe
also mit Erfahrungswissen lösbar ist: wunderbar. Was aber, wenn die Entscheidungssituation von Ungewissheit geprägt ist und die bekannten Rezepte nicht passen? Warum werden in Hochschulen keine Kurse angeboten, in denen neben dem Denken in Cases alternative Herangehensweisen zur Lösungsfindung vermittelt werden? Beispielsweise durch die
Schulung und Entwicklung der eigenen Intuition. Das würde künftigen Führungskräften
„erlauben", im späteren Berufsleben auch intuitiv zu entscheiden.

Employability wird auch nicht nur durch das Vermitteln von Tools erreicht. Routine-
wissen reicht nicht aus. Die Entwicklung der eigenen Persönlichkeit und der Neugier ist
die beste Vorbereitung und wertvollste Ressource in einer sich schnell verändernden und
unübersichtlichen Welt. Die führenden Unternehmensberatungen suchen beispielsweise
stets nach den Studenten mit den überzeugendsten persönlichen und universitären Leis-
tungsnachweisen, unabhängig von der Studienrichtung. Sie suchen nach Persönlichkeit,
Sozialkompetenz und Menschen mit breiter Bildung sowie vielseitigen Interessen. Wenn
man schon Employability zum zentralen Begriff erklären möchte: Genügt nicht das klassische humanistische Bildungsideal den heutigen Anforderung an Employability viel besser
als eine enger gefasste, auf Fachinhalte fokussierte Ausbildung? Sind nicht gerade die im
humanistischen Bildungsideal verankerten Ausbildungsziele eines weltoffenen, kritisch
hinterfragenden und eigenständig-autark agierenden Menschen und Mitarbeiters die wahren Garanten von „Employability"? „Bildung sollte Menschen dazu befähigen, Autoren
ihres Lebens zu werden", so der Philosoph Julian Nida-Rümelin. Ein System, das Offenheit, Vielfalt, Breite, Kreativität und Vieldeutigkeit fördert, wird heute dringender benötigt
als ein auf Standardisierung, Vergleichbarkeit und Fachkompetenz ausgerichteter Ansatz.
Und es brächte mehr Neues.

Neugierig trotz Risiken und Ungewissheit
In den meisten europäischen Ländern versuchen die Menschen eher, unsichere Situationen
zu meiden, verglichen beispielsweise mit den USA. Wir suchen nach eindeutigen Situationen und streben danach, die Zukunft kontrollieren zu wollen, so die Ergebnisse einer breit
angelegten empirischen Studie des Kulturforscher Geert Hofstede. Wir planen, managen

und ordnen gerne und streben nach Sicherheit und Eindeutigkeit. Diese Eigenschaft ist zunächst weder gut noch schlecht, wir Europäer sind mit unseren Eigenschaften und unserer kulturellen Identität ja auch weit gekommen. Was wir lernen sollten, ist das Leben mit Risiken und mit Ungewissheit.

In der Schule lernen unsere Kinder in Mathematik mit Analysis, Geometrie und Infinitesimalrechnung die Mathematik der Gewissheit, so Gerd Gigerenzer, die Disziplinen der Ungewissheit und des Risikos, das statistische Denken kommen zu kurz. Wie häufig müssen Sie in Ihrer jetzigen Lebenslage Gleichungen lösen oder die Oberflächen von Quadern ausrechnen? Und wie häufig müssen Sie Aufgaben lösen, deren Einflussfaktoren nicht exakt bestimmt werden können, also ungewiss sind? Wäre es daher nicht sinnvoll, wenn uns die Schule das nötige Handwerkszeug beibrächte, um Entscheidungen unter Unsicherheit oder Risiko zu treffen? Unsere Kinder werden auf eine Welt vorbereitet, in der Variablen als bekannt angenommen werden, und müssen dann in einem Leben bestehen, das von Komplexität und Ungewissheit geprägt ist.

Uns fehlt es an Risikokompetenz. Das fällt uns meist nicht auf, und wir sind überzeugt, auch ohne diese Kompetenz gut durchs Leben zu kommen. Wir setzten einfach auf noch mehr Struktur und Planung und meiden Risiken wie der Teufel das Weihwasser. Es fällt uns schwer zu akzeptieren, dass unser Leben durch Risiken und Ungewissheiten geprägt ist. Wir lassen uns nicht darauf ein, sondern kämpfen dagegen an. Wir managen es, zumindest haben wir den Eindruck. Ein Ansatz im Veränderungsmanagement lautet: „No Problem, no Change", also: Wenn man möchte, dass sich Menschen verändern, dann soll man ihnen aufzeigen, dass sie ein Problem haben. Wir nehmen wohl wahr, dass sich die Welt um uns herum schnell verändert und sichere Prognosen nicht möglich sind. Das nehmen wir aber noch nicht zum Anlass, uns mit Risiken und Ungewissheiten auseinanderzusetzen. Wie die Biene in der Flasche bleiben wir „auf Kurs", auch wenn sich die Welt um uns herum verändert hat und wir den Kurs ändern sollten. Ein erster Schritt aus der „Routineflasche" wäre die Erkenntnis, dass Ungewissheit und Risiken keine Krankheiten sind.

Macht Neugier glücklich?
Es gibt viele falsche Vorstellungen von Glück. Eine davon ist, dass die Menschen am glücklichsten sein müssten, die das einfachste Leben haben. Empirische Studien zeigen, dass häufig die Menschen das höchste Glücksniveau hatten, die in ihrem Leben Schwierigkeiten überwinden mussten. Glücklich machte sie, dass es ihnen gelang, die Schwierigkeiten zu überwinden und mit ihnen fertig zu werden. Ein Plädoyer, Komfortzonen zu verlassen und Neues zu probieren?

Viele Menschen bezeichnen ihre Kindheit als die glücklichste Zeit ihres Lebens. Neben der elterlichen Geborgenheit machen Glücksforscher (Vgl. beispielsweise Freire 2011) vor allem eine wesentliche Eigenschaft für das kindliche Glück verantwortlich: Offenheit für Neues. Offenheit für neues Wissen und für neue Beziehungen mit Menschen. Junge Menschen suchen das Neue – in Herausforderungen, im Denken, Fühlen und Handeln. Die Wahrnehmung von Entwicklung und persönlichem Wachstum trägt zu unserem Glück bei. Mit zunehmendem Alter nimmt die Anzahl an neuen Erlebnissen naturgemäß ab und die Wiederholungen nehmen zu. Neues kommt nun nicht mehr von allein, wir müssen uns anstrengen, um das Neue in unser Leben zu holen. Überwinden Sie Routinen und erhalten Sie sich die kindliche Neugier. Was macht eigentlich Ihr Fahrrad?

Und wie ist es im Arbeitsleben? Der Psychologe Mihaly Csíkszentmihályi hat den Begriff „Flow" geprägt. Es wird unterstellt, dass Flow hilfreich für unser Glück ist. Ein Flow-Zustand kann sich immer dann einstellen, wenn wir anspruchsvolle Aufgaben erledigen, die unsere volle Aufmerksamkeit benötigen und in denen wir vollkommen aufgehen. Dieser Zustand kann eintreten, wenn die Anforderung fordernd, aber nicht überfordernd ist. Der Wille ist zentriert auf die Aufgabe, wir tauchen völlig in der Tätigkeit ab, die Zeit vergeht wie im Flug. Nach Csíkszentmihályi erfordert Flow einerseits ein Streben nach Kontrolle, andererseits das Bewusstsein, dass die Situation in ihrer Gesamtheit unvorhersehbar und unberechenbar ist. Das klingt mehr nach Neuem, oder?

Neugier braucht Kraft

Seit nunmehr sieben Jahren begleite und unterstütze ich einen Wissenschaftler und Erfinder, der an der Perfektionierung einer Maschine arbeitete, die diverse Abfälle zu Diesel machen kann. Neben der faszinierenden Geschäftsidee war ich beeindruckt von der Energie, die der Wissenschaftler und Unternehmer ausstrahlte. Er kämpfte sich durch: trotz Zweiflern, unschlüssiger Pionier-Kunden, risikoscheuer Investoren, zweifelnder Banker, wenig hilfreicher Behörden sowie negativer Berichterstattung in der Presse. Er war geradezu im positiven Sinne besessen davon, seine Erfindung durchzuboxen und sich gegen all die Widrigkeiten und Hindernisse zu behaupten. Er schöpfte Kraft und Energie aus kleinen Erfolgen, um dadurch gestärkt größere Rückschläge zu verkraften. Der amerikanische Scheidungsforscher John Gottman hat herausgefunden, dass in Beziehungen der sogenannte 5:1-Faktor ein wesentlicher Erfolgsfaktor ist: Um eine einzige negative Kommunikation in einer Partnerschaft zu kompensieren, braucht es nach Gottman fünf Kommunikationen mit positiven Inhalten und Wahrnehmung, damit wieder ein Gleichgewicht herrscht. Davon können Innovatoren nur träumen. Sie sollten sich auch dann nicht von Ihrem Weg abbringen lassen, wenn Sie in einzelnen Phasen nur mit einer positiven bei fünf negativen Nachricht auskommen müssen.

Wenn Sie Neuland betreten möchten, sollten Sie resilient sein. Resilienz beschreibt die Widerstandsfähigkeit gegen Störungen von außen. Ein Bild hierfür ist der Bambus im Wind: Er biegt sich und geht elastisch mit, damit er nicht bricht, und steht wieder aufrecht da, sobald der Sturm vorbei ist. Mit einer Idee allein ist noch nichts gewonnen. Es braucht Menschen, die diese gegen alle Widerstände und Hindernisse kraftvoll durchsetzen.

Zum Schluss

Es gibt eine Reihe von Redewendungen, die uns warnen: „Never change a running System", heißt es in der IT-Welt oder im Sport: „Never change a winning team." Tun Sie es trotzdem. Die Leistungsfähigkeit von bestehenden Systemen und bestehenden Teams wird häufig überschätzt.

Nehmen Sie sich vor, dem Neuen in Ihrem privaten und beruflichen Leben einen festen Platz einzuräumen. „Öffne der Veränderung Deine Arme, aber verliere dabei Deine Werte nicht aus den Augen" und „Begib Dich einmal im Jahr an einen Ort, an dem Du noch nie gewesen bist", lauten zwei Empfehlungen des Dalai Lama. Brechen Sie auf und kommen Sie in Bewegung.

Auf diesem Weg wünsche ich Ihnen: Viel Erfolg. Viel Neues.

Literatur

Freire, T.: Kinder weisen uns den Weg, in: Glück. In: Bormans, von L. (Hrsg.) The World Book of Happiness, 2. Aufl., S. 158–161. DuMont, Köln (2011).